Les vertus du vinaigre

Anne Lavédrine

Les vertus du vinaigre

MICHEL LAFON

AVANT-PROPOS

Redécouvrir le vinaigre

Le vinaigre n'évoque aujourd'hui, pour la plupart des gens, que la sauce vinaigrette, ou, tout au moins, quelques utilisations de type culinaire.

Or, s'il est vrai que le vinaigre possède d'immenses qualités dans ce domaine, il ne s'en tient pas là, loin s'en faut, et il serait infiniment regrettable de ne profiter que d'une aussi mince part de ses propriétés.

Qui se rappelle, aujourd'hui, en Europe, que le vinaigre constituait l'un des fondements de la médecine antique, pour ne pas dire une véritable panacée ? Qui sait encore qu'il fut le premier médicament antibactérien de l'histoire, et le seul remède de quelque efficacité à la propagation des terribles épidémies de peste ? Réponse : presque personne !

De même, si la plupart des femmes savent vaguement que se rincer les cheveux au vinaigre les fera briller comme aucun « après-shampooing » chimique n'y réussira jamais, combien d'entre elles connaissent les vinaigres parfumés, seuls dépourvus de déplaisants relents ? Plus rares encore sont celles qui savent tirer parti des multiples autres vertus du vinaigre dans le domaine des soins de beauté.

Les Américains sont beaucoup plus au fait que nous des vertus, tant médicales que cosmétiques, du vinaigre. Pourquoi cela ? Parce qu'ils ont remarqué que les habitants de l'État du Vermont, situé dans le nord-est de leur pays, connaissaient une exceptionnelle longévité, et jouissaient en général d'une santé à toute épreuve. En se penchant de plus près sur leur cas, ils ont découvert que la seule chose qui différenciait de manière significative le mode de vie des Vermontois de celui des autres Américains était leur fidélité inébranlable à leur médecine traditionnelle, dont l'ingrédient de base est le vinaigre de cidre.

À la suite de cette constatation, on redécouvrit peu à peu, les exhumant des anciens grimoires, mille anciennes recettes exploitant les vertus médicinales du vinaigre, plus particulièrement du vinaigre de cidre et, par suite, ses utilisations dans les autres domaines (soins de beauté et usage ménager, notamment). Dire qu'en France, le vinaigre de cidre n'atteint même pas cinq pour cent de la consommation totale de vinaigre des ménages...

Curieusement, la désaffection hexagonale pour le vinaigre est récente et ne relève en rien d'une quelconque tradition acétophobe. Au contraire, le goût des saveurs vinaigrées, acquis peu à peu par nos ancêtres au fur et à mesure qu'ils apprenaient à apprécier la note acidulée que ce condiment communiquait aux conserves confectionnées grâce à lui (n'oublions pas que c'était avant tout un excellent procédé de conservation), a en effet dominé toute la gastronomie antique et la cuisine médiévale. Pourtant, battu en brèche à partir du XVe siècle, le vinaigre a sombré corps et biens sous la vague de la cuisine bourgeoise, dont l'ingrédient de base était plutôt le beurre !

L'évolution des mœurs et l'adoption d'un mode de vie plus sain le font peu à peu revenir sur le devant de la scène gastronomique, en même temps que le retour aux « vraies valeurs » nous fait aujourd'hui redécouvrir ses mille autres bienfaits.

Mais attention : tous les vinaigres ne sont pas identiques. Il faut apprendre à les utiliser en fonction de leurs propriétés spécifiques. On commencera par renoncer aux vinaigres de qualité inférieure qui n'ont en fait de vinaigre que la saveur, ce qui implique d'apprendre à les choisir ou, mieux encore, à les fabriquer soi-même.

On n'utilisera pas non plus aux mêmes fins un vinaigre d'alcool, plutôt voué aux usages ménagers et à la confection des conserves, un vinaigre de vin, dont le domaine d'élection est la cuisine, ou un vinaigre de cidre, incomparablement supérieur à tous ses congénères sur le plan médical.

En un mot comme en cent, le vinaigre est beaucoup plus qu'un simple condiment propre à relever la salade dominicale et nous allons de ce pas découvrir pourquoi !

CHAPITRE I

Du vin aigre au vinaigre

Les origines du vinaigre se perdent dans la nuit des temps, tout comme celles du vin et des autres boissons alcoolisées dont il est issu. À titre de point de repère, on sait que les hominidés des temps paléolithiques, ancêtres de l'homme qui vivaient voici quelque cinq cent mille ans, connaissaient déjà la cuisine, c'est-à-dire l'art de transformer les aliments bruts pour en améliorer les qualités gustatives. Il semble tout à fait plausible qu'ils aient fabriqué des jus de fruits et que ceux-ci se soient subséquemment alcoolisés, puis transformés en vinaigre. C'est dire si la date de naissance de ce dernier est ancienne !

Pour le vin, d'ailleurs, si la tradition chrétienne présente Noé comme le premier viticulteur, cet honneur revenait pour les anciens Égyptiens à leur dieu Osiris et, pour les Grecs, à Dionysos, ce qui reflète bien le caractère immémorial qu'ils attribuaient à l'apparition de ce breuvage.

La fermentation alcoolique des jus de fruits fut donc sans doute découverte par hasard dès les temps préhistoriques et rapidement adoptée afin de permettre la conservation des jus de fruits et des céréales dont nos ancêtres se nourrissaient. L'apparition du vinaigre fut très certainement concomitante, puisque tout liquide alcoolisé abandonné à l'air libre ou mal bouché est susceptible de se transformer en vinaigre.

Qui dit production de boissons alcoolisées dit par conséquent vinaigre, et il semble clair que l'on fabrique ce dernier depuis quelque cinq à six millénaires. La fermentation acétique de l'eau-de-vie de riz et d'arbousier est pratiquée par les Chinois depuis plus de quatre mille ans, alors que l'Inde connaît depuis les temps les plus reculés le vinaigre de sève de palmier ou de sagou (une fécule issue de la mœlle de certains palmiers).

On a également retrouvé en Égypte la trace d'une production vinicole remontant à la fin du quatrième millénaire avant Jésus-Christ. Ailleurs, on confectionnait des boissons alcoolisées avec des figues, cultivées en Égypte depuis plus de quatre mille cinq cents ans, comme en témoigne une fresque de Béni-Hassan décrivant leur cueillette.

Le vinaigre de miel n'est guère plus « jeune » puisqu'il est dérivé de l'hydromel, boisson fermentée déjà connue dans l'Antiquité. Son nom anglais, *mead*, vient d'ailleurs directement du sanskrit *madhu*, qui signifie « boisson au miel ». Le célèbre poème épique anglais *Le Lai de Beowulf*, transcrit au début du VIIIe siècle, mais d'époque pré-chrétienne, évoque abondamment cette boisson « revigorante ».

Le vinaigre fut longtemps issu d'un processus de fermentation naturelle, fruit du hasard : sans que l'on comprenne pourquoi, certains fûts de vin s'acétifiaient, et d'autres se « piquaient ». Les méthodes de conservation étant fort peu efficaces, à l'époque, une bonne part devait tourner au vin aigre et l'on peut supposer que cela désolait les viticulteurs.

La découverte des vertus propres du « vin aigre » doit elle aussi certainement beaucoup au hasard. On en ignore les circonstances exactes : sans doute un légume malencontreusement tombé dans une cuve de vin aigri et retrouvé des semaines plus tard dans un miraculeux état de conservation excita-t-il la curiosité d'un de nos ancêtres. Enfin le vin gâté pouvait être utile à quelque chose !

À la suite de cet événement, on ne tarda pas à prendre l'habitude de conserver les aliments immergés dans du vinaigre, pour les soustraire aux processus normaux de putréfaction. Les conserves au vinaigre entrèrent donc dans les mœurs et, très vite, bouleversèrent les habitudes gustatives. On prit en effet goût à la saveur acidulée que le vinaigre leur communiquait.

Dès lors, le vinaigre cessa d'être un simple produit dérivé du vin pour constituer une production à part entière. Pour la rationaliser, on conçut l'idée d'intervenir pour tenter de contrôler ou d'accélérer le processus qui transmutait le vin et les autres liquides alcoolisés en vinaigre, au lieu de se contenter d'abandonner des fûts de vin au soleil, à la grâce de Dieu. Les premières recettes de vinaigre apparurent ainsi vers le Iᵉʳ siècle de notre ère.

Il ne manque pas d'anecdotes pour montrer combien le vinaigre était devenu commun à l'époque gréco-romaine.

Le récit que fait l'historien romain Tite-Live de l'épisode fameux du franchissement des Alpes par Hannibal et son armée, à la mi-octobre 218 avant J.-C., est à cet égard très révélateur. Bloqués par le terrain impraticable et les intempéries, les Carthaginois décident d'employer les grands moyens : « Pour entamer la roche, raconte Tite-Live, ils se mirent à abattre des arbres immenses qui poussaient près de là, à retirer les branchages et à former un tas gigantesque ; grâce au vent qui s'était levé avec violence et attisait les flammes, ils brûlèrent la pierre et, quand elle fut incandescente, ils versèrent du vinaigre dessus pour la rendre plus friable. Ils entaillèrent alors au pic la pierre calcinée, aménagèrent la pente en formant des lacets... » Hannibal et ses officiers savaient donc le vinaigre corrosif et en possédaient suffisamment dans leurs bagages pour arroser un éboulis rocheux. L'épisode relève au moins autant de la légende que de l'histoire, mais il n'en demeure pas moins qu'un historien romain du début de notre ère jugeait visiblement normal qu'une armée en campagne transporte de grandes quantités de vinaigre. Ce n'était donc nullement un produit rare !

Le vinaigre est également le héros du « repas le plus cher du monde », concocté par Cléopâtre pour éblouir Marc-Antoine. Un jour qu'il la complimentait sur le faste de ses réceptions, la reine d'Égypte se récria : elle ne lui avait offert jusqu'alors que des dîners « rustiques ». Elle promit de donner en l'honneur du général romain un banquet dont le coût dépasserait tout ce qu'il pourrait imaginer. Antoine croyant visiblement à une vantardise de sa part, elle lui proposa de faire du repas l'objet d'un pari. Antoine accepta. Le soir de la réception, le Romain se crut victorieux car rien ne distinguait cette fête, en apparence, de celles qui l'avaient précédée. C'est alors que Cléopâtre se fit apporter une coupe remplie de vinaigre, détacha l'une des énormes perles qu'elle portait aux oreilles et la déposa dans la coupe. Lorsque la perle fut dissoute, Cléopâtre but le vinaigre. Elle n'eut pas besoin de répéter l'opération avec sa seconde boucle d'oreille pour que l'arbitre du pari la déclarât gagnante.

Caton l'Ancien rapporte, quant à lui, dans son *Traité d'agriculture*, que la rémunération en nature des cueilleurs d'olives comportait traditionnellement une allocation en vinaigre.

Le vinaigre est également cité au nombre des accessoires indispensables aux sacrifices animaux des Grecs ; il incombait au *mageiros*, l'officiant, de vérifier sa présence avant le début de la cérémonie. Il est aussi fréquemment mentionné dans les textes antiques, de l'Ancien Testament aux traités de médecine. Autant dire qu'il faisait partie de la vie quotidienne des riches et des pauvres.

Peu à peu, la fabrication du vinaigre se systématisa. On découvrit empiriquement comment favoriser le processus par lequel les vins ou les autres liquides alcoolisés s'aigrissaient. Longtemps l'apanage des viticulteurs, cette fabrication fut confiée au Moyen Âge à des artisans spécialisés, baptisés « vinaigriers », qui devinrent une corporation en 1394.

Il fallut cependant attendre le XIXe siècle pour voir apparaître une systématisation véritable et efficace des méthodes de fabrication, sans doute parce que l'on ignorait jusque-là la nature précise du processus, même si l'on en devinait depuis longtemps les grandes lignes, comme en témoigne l'explication donnée par Platine, au début du XVIe siècle, selon laquelle « l'air qui entre dans le vaisceau [récipient contenant le vin] attire la puissance dudit vin tellement que le vin qui estoyt de la nature chault et bon se évapore, perd sa saveur et se tourne et convertit en vin aigre ».

Décryptage du processus d'acétification : tâtonnements et fausses pistes

Même si le chimiste allemand Glauber décrit dès le XVIIe siècle un procédé détaillé de fabrication, avec transvasement entre deux cuves, il s'agit encore d'une méthode largement empirique.

En 1715, persuadé que l'efficacité de la méthode préconisée par Glauber tient au mouvement subi par le liquide, un Hollandais nommé Homberg attache un flacon de vin aux ailes d'un moulin à vent... et obtient du vinaigre en quelques jours.

Quinze ans plus tard, son compatriote chimiste et médecin Boerhaave établit pour la première fois une distinction claire entre fermentation spiritueuse (transformation des sucres en alcool), acétique (transformation de l'alcool en vinaigre) et putride (putréfaction du vin).

Parallèlement, en Allemagne, Stahl met en évidence le rôle de l'alcool dans la fermentation acétique.

Gay-Lussac démontre expérimentalement l'importance de l'oxygène dans la fermentation vineuse, mais reste persuadé de son inutilité pour la fermentation acétique (rapport présenté le 3 décembre 1810 devant l'Institut).

Enfin, en 1822, un botaniste hollandais, Persoon, découvre le micro-organisme responsable de cette fermentation et le baptise *mycoderma aceti.*

Quelques années plus tard, le chimiste allemand Liebig mettra en évidence le caractère indispensable de la présence de matières organiques pour que cette fermentation se fasse.

Il faut encore quelques décennies pour qu'enfin Pasteur décrypte entièrement le processus par lequel le vin (ou un autre liquide alcoolisé) se mue en vinaigre, et démontre qu'il n'y a jamais d'acescence d'un liquide alcoolisé en l'absence de *mycoderma aceti.* Un chimiste hollandais du nom de Martin Willem Beijerinck rebaptisera un peu plus tard ces derniers « acétobacters ».

Pourtant, l'acétification continuera longtemps à fasciner les scientifiques. Ainsi, la Société de pharmacie de Paris en faisait encore à la fin du XIXe siècle un sujet de prix, récompensé par une médaille d'or d'une valeur de mille francs pour le candidat ayant répondu sans erreur à cinq questions portant sur la fermentation acétique.

Le vinaigre dans le langage courant

Sans doute est-ce à cette fascination que l'on doit les nombreuses expressions lexicales qui tournent autour du vinaigre.

La plupart d'entre elles se réfèrent à sa nature même. Ainsi dira-t-on par exemple d'une conversation qu'elle « tourne au vinaigre », lorsqu'elle prend un tour acidulé.

De la même manière, dire d'une personne qu'elle « n'est que fiel et vinaigre » signifie qu'elle est affligée d'une disposition aigrie. La langue anglaise utilise une expression similaire : on dit en anglais d'une personne acariâtre qu'elle est *vinegary* (vinaigrée) et on qualifie par analogie une physionomie peu avenante de « face de vinaigre ».

Dans le même ordre d'idées, on pourra dire d'une femme à la voix suraiguë qu'elle a une « voix de vinaigre ».

Certaines expressions font aussi référence au caractère mordant du vinaigre, auquel cas le qualificatif est plus flatteur. Ainsi, ce n'est pas à son mauvais caractère que le général américain Joseph Stilwell, héros de la dernière guerre, commandant des troupes américaines pour l'Inde, la Chine et la Birmanie, et libérateur de ce dernier État, doit son surnom de « Vinegar Joe » Stilwell, mais plutôt à la qualité incisive de ses exploits militaires.

L'origine de certaines autres expressions est plus obscure : « faire vinaigre » signifie se dépêcher, mais pourquoi ? De même, lorsqu'on saute à la corde, la cadence peut être « à l'huile », c'est-à-dire lente, ou « au vinaigre », c'est-à-dire rapide.

Quant au *vinegaroon*, gros mais inoffensif scorpion du Sud des États-Unis et du Mexique, il doit tout simplement son nom à la déplaisante habitude qu'il a d'émettre une violente odeur de vinaigre quand on le dérange.

Qu'est-ce au juste que le vinaigre ?

Le *Petit Robert* le définit comme un « liquide provenant du vin ou d'une solution alcoolisée, modifié par la fermentation acétique et utilisé comme assaisonnement ou comme condiment ». On est loin de la définition beaucoup plus prosaïque d'Aristote, pour qui il n'était ni plus ni moins qu'un « vin en putréfaction » !

Cela dit, et même si tous les vinaigres ne proviennent pas, loin s'en faut, du vin, l'habitude de qualifier de « vinaigre » un vin à la saveur aigrelette trop prononcée pour être plaisante est ancienne : Pline l'Ancien rapporte que l'empereur romain Tibère (42 avant J.-C. -32 après J.-C.) raillait déjà ainsi le vin de Sorrente, qu'il décrivait comme un *generosum acetum*, c'est-à-dire un vinaigre de qualité !

Pour Baptiste de Cavigioles, médecin italien de Mgr de La Trémoïlle, au milieu du XVIe siècle, le vinaigre « est vin corrompu, qui a perdu une chaleur, une humidité, une force et une saveur et a acquis une froideur, une ficcité (*sic*) et une autre force, et une autre saveur ».

Plus scientifiquement, le vinaigre peut se définir comme un composé d'eau, d'acide acétique et de matières organiques diverses (oligo-éléments, vitamines et acides aminés), produit de la fermentation acétique d'une solution alcoolisée titrant moins de 18°, fermentation qui se produit au contact de l'oxygène de l'air (fermentation aérobie) et sous l'action d'un micro-organisme appelé acétobacter. La température la plus favorable au processus est 25 à 30° C. Il est cependant possible à partir de 10°.

Définition légale du vinaigre : En France, l'appellation « vinaigre » est strictement réglementée par le législateur. Aux termes du décret n° 88-1207 du 30 décembre 1988, publié au *Journal officiel* du 31 décembre 1988, pris en application de la loi du 1er août 1905 modifiée :

1) « La dénomination "vinaigre" est réservée au produit obtenu exclusivement par le procédé biologique de la double fermentation, alcoolique et acétique, de denrées et boissons d'origine agricole ou de leurs dilutions aqueuses. »

2) La loi exige des vinaigres une teneur minimale en acide acétique de 6° (5° pour les vinaigres de cidre, d'hydromel, de jus fermentés de fruits autres que le

raisin et les mélanges). Un degré acétique correspond à 1 % d'acide acétique, c'est-à-dire 1 gramme pour 100 millilitres de vinaigre (mesuré à une température de 20° C).

En Grande-Bretagne et aux États-Unis, le vinaigre de vin doit obligatoirement contenir 6 % minimum d'acide acétique et les autres vinaigres, au moins 4 %.

3) Sont autorisés, à l'exclusion de tous les autres, les additifs suivants : le sucre, le sel, le miel, les aromates et les arômes naturels (pour les vinaigres aromatisés).

4) La coloration n'est autorisée que pour le vinaigre d'alcool et uniquement avec du caramel (E 150), dont la présence doit être mentionnée sur l'étiquette de la manière suivante : « Vinaigre d'alcool coloré ».

5) La composition d'un vinaigre doit être précisée sur son étiquette. Les vinaigres fabriqués à partir de plusieurs ingrédients doivent en donner la liste exhaustive (matières premières et aromates ou arômes éventuels).

6) Les appellations d'origine ne sont autorisées que si la matière première utilisée a elle-même droit à une telle appellation. Par exemple, pour pouvoir à bon droit se baptiser « vinaigre de vin de Bordeaux » un vinaigre doit être exclusivement fabriqué à partir de vin de Bordeaux.

7) La teneur en alcool résiduel des vinaigres ne doit pas excéder 0,5 % (0,3 % pour ceux provenant de vins doux ou liquoreux).

Les vinaigres « biologiques » sont obligatoirement produits à partir d'ingrédients issus de l'agriculture biologique et donc garantis sans produits chimiques.

À noter, seuls les vinaigres produits par la méthode dite « orléanaise » ont droit à l'appellation « vinaigre à l'ancienne ».

Autrement dit, les mixtures industrielles préparées par dilution d'acide acétique dérivé du bois, aussi appelé acide pyroligneux, ou par distillation d'acétate de soude, de potasse, de cuivre ou d'autres métaux ne peuvent en aucun cas prétendre à l'appellation de vinaigre.

Cette définition assez stricte a été élaborée dans le but d'éviter les multiples fraudes constatées dans l'industrie vinaigrière. Des fabricants peu scrupuleux n'hésitaient pas, en effet, à tricher sur la composition des produits qu'ils commercialisaient, afin d'accroître leurs marges bénéficiaires. Aux vinaigres d'alcool ou de résidus viticoles colorés et improprement vendus sous le nom de « vinaigre de vin », et aux coupages avec des vinaigres moins chers, s'ajoutaient des pratiques beaucoup plus dangereuses consistant à couper les vinaigres avec des solutions à base d'acide sulfurique ou chlorhydrique ou encore d'acide acétique industriel (acide pyroligneux). Beaucoup de vinaigres de toilette du XIXe siècle étaient ainsi confectionnés à partir de vinaigre « radical », c'est-à-dire de vinaigre industriel.

Un peu de chimie : Comment le vin, le cidre et les autres liquides alcoolisés se transforment-ils en vinaigre ? L'alcool (de l'éthanol, pour être précis) qu'ils contiennent se mue sous l'action conjuguée des acétobacters et de l'oxygène de l'air en un composé d'acide acétique et d'eau, c'est-à-dire du vinaigre.

Chimiquement cela donne la petite équation suivante :

$$C_2H_6O + O_2 = C_2H_4O_2 + H_20$$

éthanol + oxygène = acide acétique + eau

Cette opération se décompose en deux étapes :

1) L'oxygène de l'air oxyde deux des atomes d'hydrogène de l'alcool. Il en résulte un composé d'aldéhyde et d'eau :

$$C_2H_6\,O + O = C_2H_4\,O + H_20$$

2) Cet aldéhyde s'unit à un atome d'oxygène pour produire une molécule d'acide acétique :

$$C_2H_4\,O + O = C_2H_4O_2$$

Ce processus se reproduit jusqu'à l'épuisement de l'alcool contenu dans la solution initiale.

Ce petit cours de chimie, qui peut paraître un peu rébarbatif, permet de mieux comprendre pourquoi la présence d'air est indispensable tout au long de la fermentation acétique, à l'inverse de ce qui se passe pour la fermentation vineuse, où elle n'est indispensable qu'au début, pour lancer le processus.

Les méthodes de fabrication

Jusqu'au XIXe siècle, elles demeurent largement artisanales, ce qui implique une perte de l'ordre de 10 à 15 % (vin qui pourrit au lieu de s'acétifier).

On ajoute souvent au vin, à l'époque, diverses compositions destinées à déclencher la fermentation : des plantes acides telles que les prunelles, les mûres, les baies de sureau, les fruits verts et même des feuilles d'arbre, du petit-lait, de la « mère », de la levure de boulanger ou du vinaigre.

Les apprentis admis dans la corporation des vinaigriers devaient avant toute autre chose jurer de ne révéler à âme qui vive ce que l'on appelait le « secret du vinaigrier », c'est-à-dire principalement la composition du « pain » utilisé pour commencer la fermentation acétique.

En fait, à Orléans, haut lieu de la fabrication du vinaigre (on n'y comptait, en 1580, pas moins de trente-trois vinaigriers), on utilisait le plus souvent des préparations à base de vinaigre et de levure de boulanger.

La fermentation acétique était dès cette époque empiriquement maîtrisée, même si l'on ignorait encore tout des raisons pour lesquelles le vin se transformait en vinaigre.

Les vinaigriers étaient fort bien considérés et prospères. Les membres de cette corporation possédaient en effet le monopole de la fabrication et de la commercialisation des vinaigres, des verjus (jus de raisins cueillis verts ou de certaines variétés acides) et des moutardes. Ils vendaient également des sauces confectionnées à partir de ces trois ingrédients.

Les ingrédients d'un bon vinaigre : Si, dans l'Antiquité, on pensait que le meilleur vinaigre se faisait avec du vin gâté, on sait dès le XVIe siècle qu'il ne faut pas confondre vin gâté avec vin aigre et que l'on ne fait de bon vinaigre qu'avec du bon vin, et, plus généralement, de bons ingrédients.

Tout juste Saugrain et Rigaud admettent-ils dans leur *Pratique*, publiée en 1558, que l'on utilise du vin « poussé » à l'expresse condition qu'il « ait esté de bon vin ».

Cette précaution vaut bien entendu aussi pour les autres matières premières à partir desquelles on peut confectionner du vinaigre : une bière aigre ou un cidre sûr donneront un mauvais résultat.

Questions de température : Pour que la fermentation acétique se fasse bien, il est préférable que la température de la pièce où l'on fabrique le vinaigre soit comprise entre 15,5 et 32,2°. La fermentation ralentit en deçà de cette température, pour cesser totalement aux alentours de 10°. Dans le cadre des méthodes rapides, on maintient dans l'atelier une température de l'ordre de 30°.

Les différents vinaigres

Depuis l'épidémie de phylloxéra qui a décimé les vignobles français au XIXe siècle, le vinaigre d'alcool a détrôné le vinaigre de vin et demeure encore aujourd'hui le plus vendu en France (322 000 hectolitres en 1994, contre 201 000).

Le vinaigre de cidre arrive loin derrière ces deux géants avec 18 700 hectolitres seulement.

La consommation des autres variétés de vinaigre, fabriquées à partir d'ingrédients aussi divers que le miel ou le cassis, est négligeable, et leur production essentiellement artisanale, voire domestique. Toute solution contenant du sucre peut subir une fermentation alcoolique et, par suite, un processus d'acétification. Au XVIe siècle, en faire du vinaigre était d'ailleurs considéré comme un excellent moyen d'utiliser les vieux fruits.

Le mot « vinaigre » sans plus de précision recouvre une réalité différente suivant les régions du monde. La géographie du vinaigre suit en effet, et c'est logique, celle des productions locales de fruits, de céréales et d'alcools.

Le vinaigre de vin : Pour Pasteur, lui seul méritait le nom de vinaigre et l'étymologie du terme, « vin aigre », tend à lui donner raison.

Blancs, rouges, ou rosés, tous les vins peuvent faire d'excellents vinaigres, pour peu qu'ils soient bons au départ, car dans le produit final, on retrouvera toujours un peu de la saveur du vin dont il est issu.

Il en existe des variétés ordinaires et des variétés plus raffinées, vinaigres de vin vieux, de porto ou de xérès. Fabriqué avec un vin bénéficiant d'une appellation d'origine, le vinaigre pourra lui aussi en afficher une, telle que « vinaigre de vin de Bordeaux » ou « vinaigre de Champagne ». L'appellation « vinaigre d'Orléans » constitue un cas particulier. Ce n'est pas à proprement parler une appellation d'origine, puisque le terme fait à la fois référence à une provenance et à un procédé de fabrication dont nous reparlerons plus loin.

Le vinaigre de cidre : Principalement consommé dans les régions productrices de pommes et extrêmement apprécié aux États-Unis, il demeure marginal en

France, ce qui est fort dommage car il est immensément supérieur aux autres vinaigres sur le plan médical.

La meilleure qualité est celle préparée avec des pommes entières.

Nous reparlerons des mille et un bienfaits de ce vinaigre « de santé ».

Le vinaigre d'alcool : Aussi appelé vinaigre blanc ou vinaigre cristal, il est parfois coloré avec du caramel ; il est alors vendu sous l'appellation de « vinaigre d'alcool coloré ».

Produit de l'acétification de l'alcool de betterave, lui-même obtenu par fermentation du jus de la betterave à sucre dilué dans de l'eau, il s'utilise principalement pour les conserves ou les usages domestiques.

La Bavière produit un vinaigre d'alcool concentré, qu'on transforme en vinaigre ordinaire en le diluant à l'eau.

On utilise pour le fabriquer de l'alcool à 96° coupé d'eau, auquel on adjoint un peu de levure de bière diluée dans de l'eau, afin de fournir des nutriments supplémentaires aux acétobacters.

Le vinaigre de malt (ou de bière) : On le fabrique à partir de moût de malt. Le malt est le produit de la germination de l'orge (ou de toute autre céréale). En germant, les céréales se saccharifient, ce qui les rend propices à une fermentation alcoolique. On les torréfie ensuite légèrement, avant de les moudre, puis on les dilue dans de l'eau chaude. Le liquide ainsi obtenu deviendra en fermentant une bière blonde, l'*ale*, que l'on soumettra à son tour à acétification.

Ce vinaigre, principalement produit et consommé en Grande-Bretagne, est parfois coloré avec du caramel.

Le vinaigre de riz : Issu de la fermentation lente (elle prend trois à quatre mois) du riz gluant, ce vinaigre, principalement utilisé en Asie, se distingue par sa très faible teneur acétique.

En Chine, il est soit blanc, la variété la plus commune, soit rouge (il doit alors sa couleur à l'emploi, pour commencer la fermentation, d'une levure de couleur rouge), soit noir, comme le vinaigre Zhejiang, qui est fabriqué dans la région de Shanghai à partir de riz brun. Le vinaigre de riz chinois est commercialisé sous plusieurs concentrations différentes exprimées en pourcentages (vinaigre de riz à 25 %, à 5 %, etc.).

Son homologue japonais est généralement blanc, même s'il existe une faible production de vinaigre noir, notamment dans le sud du pays. On trouve également au Japon une variété de vinaigre si douce qu'elle en paraît presque sucrée, appelée *amazu*.

Le vinaigre de sucre : On le fabrique à partir de jus fermenté de mélasse ou de vesou, un « vin » de canne à sucre titrant environ 8° alcooliques, qui est principalement produit aux Antilles et à la Réunion.

Le vinaigre de miel : Il se fabrique à partir d'hydromel, le produit de la fermentation alcoolique de l'eau miellée (miel dilué dans de l'eau), qui, à son tour, est susceptible de fermentation acétique.

Le vinaigre de moût de raisin : Il s'agit d'un vinaigre préparé non pas à partir du vin, mais du moût de raisin, résidu du pressage des grappes qui précède la fabrication du vin.

Le plus célèbre d'entre eux est le vinaigre balsamique de Modène, fabriqué avec le moût cuit d'un cépage particulier, appelé *trebbiano*, qui donne un vin blanc et sucré.

Dès qu'il présente des signes de fermentation, le moût est retiré des cuves, filtré, puis lentement cuit à une température maximale de 80°. On le place alors dans des tonneaux de bois de châtaignier, que l'on met à reposer sous les toits de Modène, dans des greniers spéciaux appelés *acetaia*, exposés aux variations de température et d'hygrométrie.

C'est à ce traitement brutal que le vinaigre balsamique de Modène doit son bouquet incomparable. À mesure que l'acétification se fait et que le vinaigre se concentre, il est transféré dans des tonneaux de plus en plus petits. On obtient alors, au bout d'un processus qui prend au minimum douze ans, un vinaigre exceptionnellement parfumé et délicat qui présente l'originalité de ne pas dénaturer le goût du vin servi avec lui (contrairement à ses congénères).

C'est un produit de grand luxe qui bénéficie d'une appellation d'origine très strictement contrôlée. Les ducs de Modène aimaient d'ailleurs à en offrir aux hôtes de marque. Attention : la plupart des « vinaigres balsamiques » vendus en France, et notamment ceux proposés par les grandes surfaces, ne présentent qu'un rapport très lointain avec le véritable vinaigre de Modène. Méfiez-vous des imitations !

Le vinaigre de poiré : Il est fabriqué à partir de jus fermenté de poire, le poiré, parfois aussi appelé « cidre de poire ».

Les vinaigres de jus fermentés de fruits et légumes : Ils sont le produit de la fermentation acétique des jus alcoolisés des fruits les plus divers, des framboises et des mûres (soumises à ce traitement depuis l'âge du bronze au moins), aux melons et aux bananes, en passant par les groseilles et les autres baies, les noix de coco, les raisins secs, les dattes (les Parthes en faisaient déjà du vinaigre, dans l'Antiquité), les figues (Pline l'Ancien recommandait chaudement, à cet égard, les figues de Chypre), les baies de sureau, la rhubarbe, les tamarins (en Inde), les groseilles à maquereau (en Angleterre), les pêches, les grenades, les arbouses et même les pamplemousses (qui donnent un vinaigre fort réputé en Birmanie), les oranges, les citrons ou les cédrats.

On additionne les fruits peu sucrés d'eau et de sucre, afin d'obtenir après fermentation un titre alcoolique acceptable. Livrés à eux-mêmes, ces « vins » de fruits ne titreraient en effet guère plus de 3 ou 4°, ce qui compromettrait gravement leur acétification éventuelle.

Les légumes ne sont pas en reste non plus, puisque l'on fabrique depuis les temps préhistoriques un vinaigre de perce-pierre sur les rives de la mer Adriatique, de même qu'un vinaigre de racines de bette.

Les vinaigres de céréales : Ils sont dérivés des alcools distillés à partir du maïs, du sorgho, du seigle, du froment et des autres céréales... On en extrait par exemple des vinaigres de whisky ou, dans le sud des États-Unis, de bourbon, ou encore les vinaigres d'eau-de-vie allemands, fabriqués en diluant à l'eau avec un peu de sucre des alcools tels que le schnaps (on procède en général à une dilution de l'ordre de neuf volumes d'eau pour un volume d'alcool).

Les vinaigres de sève : On les prépare à partir de sirop d'érable (production, bien sûr, essentiellement canadienne) ou de sève de palmier-dattier (dans toutes les régions où cet arbre pousse, soit l'entière zone climatique tropicale humide).

Les vinaigres de « piquette » : Confectionnés à partir de résidus vinicoles comme le moût de raisin ou les raisins secs mélangés à de l'eau, ce sont des vinaigres certes peu coûteux, mais de qualité fort médiocre.

... Et les autres : On recense aussi des productions plus anecdotiques comme les vinaigres d'algues ou de primevère (recette anglaise résultant de l'acétification d'un « vin de primevère », très apprécié des élégantes du XVIIIe siècle), de petit-lait (spécialité helvético-germanique plus acidulée que véritablement acide), voire d'amidon (on fait alors fermenter une sorte de bouillie d'eau et de farine), ou de chiffons... On trouve même trace, au XVIe siècle, d'un étrange « vinaigre » artificiel à base d'eau de mer, d'eau douce et de plâtre !

Parmi les curiosités, on citera aussi un vinaigre sec « de voyage », qui, au XVIe siècle, se vendait parfois même en pastilles. Il s'agissait en fait de poudre de tartre blanc imbibée de vinaigre. Pour l'utiliser, on la diluait dans un peu de vin, de cidre ou d'eau.

Enfin, jusqu'à l'apparition, au milieu du XIXe siècle, du vinaigre d'alcool dit « cristal », parfaitement transparent, on fabriquait en distillant à l'alambic les vinaigres de table un vinaigre « radical », plus concentré en acide acétique, mais aussi plus pur. Ce vinaigre moins coloré et au goût plus neutre était fort apprécié pour les conserves, autant par souci esthétique que par souci gustatif. Dans certaines régions des États-Unis, on utilise encore un vinaigre du même type pour préparer les pickles.

D'autres procédés moins simples, et parfois carrément inquiétants, étaient jadis mis en œuvre pour donner au vinaigre la transparence recherchée. On n'hésitait pas, par exemple, à le mélanger à diverses substances décolorantes ou réputées telles, comme du charbon de bois, de la craie, du levain de boulanger, de la poudre d'os calcinés ou même du lait.

Quelques chiffres

Aujourd'hui sont produits chaque année en France plus d'un million d'hectolitres de vinaigre, toutes variétés confondues.

Il s'en consomme chaque année plus de 540 000 hectolitres pour les usages domestiques (et environ 250 000 hectolitres pour les usages industriels), ainsi répartis : 60 % de vinaigre d'alcool, 37 % de vinaigre de vin et 3 % de vinaigre de cidre.

La consommation moyenne de vinaigre par personne et par an s'élève à 12,6 litres, en comptant le vinaigre présent dans les condiments, conserves et plats cuisinés.

Le vinaigre compte parmi les condiments les plus abordables : rien de comparable avec le prix exorbitant des épices.

Le vinaigre de vin se vend en effet entre 7 et 10 francs le litre et le vinaigre d'alcool environ 2 francs le litre. Les vinaigres plus raffinés, vinaigres de vins fins comme le champagne, le bordeaux ou le xérès, vinaigres de vins vieux, ou vinaigre balsamique de Modène sont bien entendu plus chers.

CHAPITRE II

Vinaigre et médecine : la panacée ?

On pourrait presque paraphraser le dicton anglais, « *an apple a day keeps the doctor away* » (une pomme par jour éloigne le médecin) au profit du vinaigre. À lire la littérature qui a été consacrée à ses vertus thérapeutiques depuis l'Antiquité, et qui le présente souvent comme une véritable panacée, on en viendrait en effet presque à se demander comment il existe encore des médecins... ou des gens assez inconscients pour ne pas absorber chaque jour leur ration de vinaigre !

Qu'en est-il réellement ? Comment distinguer ses vertus réelles de celles que lui a longtemps prêtées une science médicale encore balbutiante ? Si, jusqu'à l'aube du XIXᵉ siècle, le vinaigre a fait office de remède universel capable de soulager les maux les plus divers, on aurait tort de tomber à présent dans l'excès inverse, et de penser qu'il ne s'agissait que de « croyances de bonne femme ». Aujourd'hui, des explications scientifiques viennent en effet étayer les bienfaits de ce produit.

Dans ce chapitre, sauf mention contraire, on parlera essentiellement du vinaigre de cidre, beaucoup plus intéressant sur le plan médical que ses congénères. Attention cependant à le bien choisir : seuls les vinaigres faits à partir de pommes entières de bonne qualité sont efficaces.

Les « pour » et les « contre »

La médecine antique croyait le vinaigre bénéfique à la plupart des organes vitaux, du cœur au foie, en passant par la rate, l'estomac, les intestins, ou les reins. On pensait en outre le vinaigre efficace contre les calculs rénaux (Galien et Aetius disaient de lui qu'il « mangeait les pierres »), la goutte, les affections du siège, les ulcères variqueux et la lèpre. On l'utilisait en outre comme désinfectant après les interventions chirurgicales et les accouchements. Paradoxalement, nos ancêtres pensaient que le vinaigre à la fois possédait des vertus antihémorragiques, et dissolvait les caillots sanguins. À vrai dire, ils allaient même jusqu'à le croire capable de remettre les membres luxés en place !

L'Italien Baptiste de Cavigioles, médecin de Mgr de La Trémoïlle et auteur d'une véritable ode aux vertus du vinaigre, écrit encore en 1558 que ce breuvage « corrige toutes humeurs superflues en notre corps » et en déduit que, puisqu'il est capable de fluidifier des « humeurs » aussi diverses que le sang et la bile, il est *ipso facto* susceptible d'agir sur toutes les maladies. Que dire de plus ? À cette époque, le vinaigre était donc réputé, en toute modestie, conserver la santé, préserver des maladies et aider à les guérir. On citera à cet égard une incroyable mixture de « fiente de sanglier » et de vinaigre, supposée conforter les os brisés et les aider à se ressouder.

La diététique moyenâgeuse soutient en outre que la saveur « acérée » du vinaigre le rend apte à se faufiler, telle une flèche, dans les moindres recoins du corps, ce qui en fait à la fois un puissant remède et le meilleur des excipients. On espère qu'il transportera de ce fait les principes actifs dissous en son sein jusqu'au siège du mal.

Les médecins du XVIIIe siècle prescrivaient quant à eux un vinaigre thériacal, d'autant plus prisé qu'il était supposé combiner les innombrables vertus du vinaigre avec celles, non moins nombreuses, de la thériaque, un électuaire (préparation pharmaceutique de consistance molle faite de poudres mélangées à du sirop ou du miel) riche de nombreux principes actifs, dont l'opium, une des autres panacées de l'époque.

Les médecines orientales traditionnelles, fondées depuis plus de six millénaires sur l'équilibre entre « yin » et « yang », principes opposés et complémentaires, se montrent pour leur part plus sceptiques à l'égard du vinaigre, même si la pharmacopée japonaise fait grand cas du vinaigre de riz, à cause de sa richesse en nutriments. Selon la classification qui veut qu'à chacun des cinq éléments (terre, eau, feu, bois, métal) corresponde une saveur, un organe et une saison, les vinaigres, aliments de saveur acide, sont reliés à l'élément « bois », lequel domine le foie. De ce fait, si absorber un peu de vinaigre fortifie cet organe, le consommer en excès l'épuisera et en perturbera le fonctionnement, de même que celui des organes qui lui sont opposés, la rate et le pancréas, ce qui peut engendrer des brûlures d'estomac, voire des ulcérations gastriques, et des sautes d'humeur. En vertu de ce principe, la meilleure garantie de santé est une alimentation équilibrée et en harmonie avec l'équilibre yin/yang. Concrètement, cela implique de se garder d'abuser du vinaigre ou des mets vinaigrés et de réserver de préférence ces derniers aux repas printaniers, la saison correspondant à l'élément « bois » étant le printemps.

Les tenants des théories macrobiotiques vont plus loin : partant du postulat que le vinaigre, comme tous les aliments de saveur acide, est « yin » et que la plupart des maladies le sont aussi (c'est notamment le cas de l'hypertension, des rhumatismes, de l'arthrite, ou de l'asthme), ils en concluent qu'il est néfaste de pousser l'organisme à se « yiniser » en lui faisant absorber des aliments « yin ». Ces derniers ne devraient donc être consommés que par les personnes très « yang » et encore, uniquement de manière occasionnelle.

Georges Ohsawa, auteur de l'ouvrage *Le Zen macrobiotique ou l'art du rajeunissement et de la longévité*, fustige d'ailleurs avec une vigueur toute particulière les « pseudo-médecines populaires » occidentales auxquelles manquent, selon lui, les fondements philosophiques millénaires sur lesquels reposent les médecines orientales, et rappelle au passage que mêler miel et vinaigre pour « harmoniser yin et yang », comme certains prétendent le faire, est un non-sens car le vinaigre et le miel sont tous deux « yin ».

Laissant là ces querelles de chapelle, le corps médical contemporain, s'il se montre beaucoup plus modéré qu'autrefois, reconnaît cependant au vinaigre des vertus certaines : il est stimulant, désinfectant, apéritif, digestif et efficace contre nombre de petits « bobos ».

Attention : ne faire aucune des « cures au vinaigre » développées dans ce chapitre sans avoir pris connaissance, p. 72, des « dangers et précautions d'emploi ».

Secret de longévité ?

Les habitants du Vermont, dans le nord-est des États-Unis, font l'envie de tous leurs compatriotes à cause de leur exceptionnelle longévité et parce qu'ils restent de surcroît alertes et vigoureux jusque dans leur grand âge. Ils attribuent leur santé de fer à leur fidélité à une médecine traditionnelle qui fait grand cas du vinaigre de cidre.

Les conseils des Vermontois rejoignent celui donné au XVIe siècle par Platine, dans son *De Honesta Volup-*

tate, d'absorber chaque matin, dilué dans de l'eau chaude, un peu de « sirop acéteux », confectionné en faisant bouillir ensemble de l'eau, du vinaigre et du sucre, jusqu'à l'obtention d'une consistance sirupeuse. Ce traitement protège, selon lui, « de toutes les maladies ».

Le régime vinaigré vermontois : Outre le fait qu'ils veillent, bien sûr, à s'assurer une alimentation saine et équilibrée, les habitants du Vermont préservent leur équilibre oligo-minéral en absorbant chaque jour une petite quantité de vinaigre de cidre.

Pour ce faire, certains boivent tous les matins un grand verre d'eau additionné d'une cuillerée à soupe de vinaigre de cidre et édulcoré avec du miel ; d'autres préfèrent absorber leur ration quotidienne en trois fois, avant chaque repas. Dans le même ordre d'idées, l'on s'efforce d'absorber chaque jour un peu de vinaigrette au vinaigre de cidre, de préférence confectionnée avec une huile riche en acides gras insaturés comme l'huile d'olive ou l'huile de tournesol, aussi savoureuse que bénéfique pour toute la famille. On lui ajoute parfois un soupçon de miel, autre remède traditionnel favori de la région.

Ce régime aurait en outre l'avantage non négligeable d'améliorer la mémoire.

Fondements du traitement : Est-ce là une croyance de type « magique » ? Pas du tout. Elle s'explique tout à fait sur le plan scientifique, notamment par l'action du vinaigre sur les radicaux libres, substances responsables de bien des maux : on sait aujourd'hui qu'ils influent sur le vieillissement cutané et l'on s'interroge sur leur rôle exact dans le processus de vieillissement tout entier et dans l'apparition de diverses maladies, notamment des cancers.

Or le vinaigre est un puissant antioxydant, c'est d'ailleurs là le secret de ses propriétés conservatrices. À cela s'ajoute, pour le vinaigre de cidre, sa richesse en bêta-carotène, lui-même très riche en vitamine A antioxydante. Et les antioxydants barrent l'accès de notre organisme aux radicaux libres !

Des chercheurs américains ont aussi mis en évidence l'intérêt du bêta-carotène pour la prévention de la cataracte (opacification du cristallin le plus souvent liée à son vieillissement).

Il semble donc acquis qu'absorber quotidiennement un peu de vinaigre ne puisse qu'être une bonne idée.

Un aliment richissime !

Mine de rien, il contient de tout ! Le vinaigre est riche en vitamines (notamment en vitamines du groupe B et vitamine D), en oligo-éléments, en enzymes et en acides aminés essentiels. Il contient en effet du bore, du calcium, du chlore, du fer, du fluor, du magnésium (dont la plupart des femmes manquent à cause des régimes alimentaires modernes et dont la carence se traduit entre autres par de pénibles malaises regroupés sous le nom de spasmophilie), du manganèse, du phosphore, du potassium, du silicium, du sodium et du soufre. Le vinaigre de cidre renferme en outre de la pectine et du bêta-carotène.

Et de surcroît...

Il améliore l'absorption du fer : C'est là une propriété extrêmement intéressante car la plupart des femmes souffrent d'une légère carence en fer à cause de leur alimentation (qui laisse souvent trop peu de place aux légumes secs et aux céréales) et de la déperdition menstruelle qui est leur lot (à plus forte raison pour celles qui ont des règles abondantes). On recommande d'ailleurs aux personnes fatiguées de manger des haricots secs assaisonnés de vinaigre.

Il améliore l'absorption du calcium : Très important !

Le vinaigre contient peu de calcium, pourtant, mais il contribue, par son acidité, à en faciliter l'absorption par l'organisme. Il est de ce fait un allié précieux dans la lutte contre l'ostéoporose, grave problème de décalcification lié à l'âge, qui se traduit par une perte de taille et une redoutable fragilité osseuse. C'est à elle que sont dues les terribles fractures du col du fémur qui laissent tant de personnes âgées handicapées.

Cette propriété fait également du vinaigre le partenaire idéal d'un traitement contre les crampes. Il s'agit d'un mélange vinaigre-calcium, qui cumule les avantages : aux oligo-éléments du premier (notamment le magnésium et le potassium au rôle bien connu dans la prévention des crampes) et à la capacité à optimiser l'absorption du second viennent s'ajouter les bienfaits propres du calcium.

Pour une efficacité optimale, absorbez du calcium en comprimés (choisissez de préférence des comprimés de carbonate de calcium). Attention ! Beaucoup de comprimés vendus dans le commerce sont difficilement assimilables par l'organisme. Les faire fondre dans un peu de vinaigre vous permettra de les « tester » : s'ils ne sont pas intégralement dissous au bout d'une demi-heure, ils ne se dissoudront pas non plus dans votre estomac et votre organisme ne pourra les assimiler.

Une fois que vous aurez trouvé une variété de comprimés de calcium satisfaisant aux exigences de ce test, absorbez-le de la manière suivante : prenez chaque matin un comprimé de calcium dissous dans un verre d'eau additionnée de deux cuillerées à café de vinaigre de cidre. Si vous le souhaitez, vous pourrez édulcorer ce breuvage avec du miel.

Sachez aussi utiliser le vinaigre pour tirer le meilleur

parti du calcium présent dans les aliments. Il est par exemple recommandé de manger le fromage avec de la salade (vinaigrée) et de consommer des salades composées contenant du fromage.

Il apporte du bore : Le bore est un oligo-élément essentiel au bon métabolisme du calcium, du manganèse, du silicium et du magnésium.

Un excellent fortifiant

À cause, encore une fois, de sa richesse en nutriments, en acides aminés essentiels et en oligo-éléments, le vinaigre est réputé améliorer la vue, l'ouïe, les capacités de réflexion et la vivacité mentale. De fait, chacun sait qu'une alimentation équilibrée garantit une meilleure santé et une meilleure résistance aux maladies en tous genres, car un organisme vigoureux est globalement moins vulnérable aux maladies.

C'est là la base de la médecine populaire du Vermont, qui repose, nous l'avons vu, sur l'absorption quotidienne d'un peu de vinaigre de cidre. Les tenants de cette thérapie préventive affirment que ce régime les maintient en forme, accroît leur résistance aux agressions bactériennes et les aide à se requinquer plus rapidement, en cas de coup de fatigue.

Cette prophylaxie est fondée sur le principe d'une relation de causalité entre le pH du sang (et, plus généralement, celui de l'organisme) et la fatigue ou les maladies. Une étude faite par un médecin local, le Dr Jarvis, célèbre pour ses travaux sur la médecine populaire du Vermont, a ainsi mis en évidence une corrélation entre urines alcalines et mauvaise santé. Le Dr Jarvis a constaté que la guérison des patients s'accompagnait généralement d'un retour à une satisfaisante acidité urinaire. Puisqu'il avait établi que boire régulièrement un peu de vinaigre acidifiait les urines, il conçut l'idée d'un traitement préventif à rebours : si des urines alcalines étaient un symptôme de mauvaise santé et des urines acides, un gage de bonne santé, maintenir les urines acides devrait prévenir les maladies. Pour la même raison, il conseillait à ses patients de contrôler régulièrement leur pH urinaire à l'aide de papier de tournesol, afin de pouvoir réagir au plus vite si celui-ci penchait vers l'alcalinité.

Les vertus fortifiantes du vinaigre (il s'agit ici de vinaigre de riz) sont aussi exploitées de longue date en Orient, notamment au Japon, où l'on consomme traditionnellement une mixture vinaigrée appelée *tamago-zu*, ce qui signifie « vinaigre à l'œuf ».

Ce remède auquel, selon la légende, les valeureux samouraïs devaient leur inaltérable vigueur se prépare très simplement en immergeant un œuf à la coquille soigneusement lavée dans un verre de vinaigre de riz. Lorsque la coquille est entièrement dissoute sous l'effet de l'acide du vinaigre, on crève la membrane qui enrobe l'œuf, on le bat quelques instants dans le vinaigre, et on boit le mélange obtenu.

Stimulant de la mémoire : En apportant à l'organisme certains nutriments, notamment des vitamines B 9 et B 12 et de la thiamine, dont le déficit se traduit par des troubles de la mémoire, la consommation régulière de vinaigre a pour conséquence appréciable d'améliorer cette dernière. On obtiendra des résultats encore plus satisfaisants si l'on utilise du vinaigre au romarin, car cette plante est un stimulant reconnu de la mémoire.

Voilà une vertu qui intéressera au premier chef les étudiants, bien sûr, mais surtout les personnes âgées ! Des études américaines très prometteuses ont en effet montré que si l'on soumettait des « seniors » souffrant de pertes de mémoire à un régime alimentaire équilibré assorti d'un traitement au vinaigre, ils recouvraient une part spectaculaire de leurs facultés perdues.

De fait, chez les personnes âgées, la dénutrition est un problème courant. Les dernières études menées par le CERIN (Centre de recherche et d'informations nutritionnelles) montrent ainsi que près de la moitié des femmes et près d'un tiers des hommes appartenant à ces tranches de troisième et quatrième âge ne consomment ni assez de calories, ni suffisamment de vitamines. Cela résulterait d'un désintérêt global pour la nourriture, lié à une diminution de l'appétit consécutive à une trop faible activité physique ou à des dépressions légères. Il en résulte des carences en vitamines, en protéines et oligo-éléments (une personne âgée sur deux manque de calcium !).

Consommer un aliment aussi riche que le vinaigre ne peut donc que leur être bénéfique.

Un remède à certaines stérilités inexpliquées ? L'adoption par les deux aspirants parents d'un régime alimentaire équilibré riche en céréales et en fruits acides, assorti d'une cure de vinaigre (à chaque repas, une cuillerée à café de vinaigre de cidre et une de miel diluées dans de l'eau) semble permettre à des couples souffrant de stérilité inexpliquée, c'est-à-dire dépourvue de cause organique, de procréer enfin.

N'allons pourtant pas trop rêver. Disons juste qu'un meilleur état général résultant d'une alimentation améliorée peut aller de pair avec une fertilité accrue.

Un complément indispensable à l'alimentation des femmes enceintes ? On ne le répétera jamais assez, le vinaigre est un excellent aliment, riche en nutriments, en vitamines et en oligo-élements. À ce titre, il mérite de figurer en bonne place dans l'alimentation de toutes les femmes, particulièrement pour les femmes enceintes, dont les besoins en ce domaine sont accrus du fait de leur état. Faire une cure de vinaigre est extrêmement bénéfique à la fois pour elles et pour le bébé qu'elles portent. Le traitement a l'avantage, annexe mais non négligeable, de combattre efficacement les nausées matinales, qui empoisonnent tant de futures mamans.

En règle générale, on conseille d'absorber chaque matin une cuillerée à café de vinaigre de cidre dans un verre d'eau et, au déjeuner, deux cuillerées à café de vinaigre de cidre et deux de miel dans un verre d'eau.

Les zélateurs de cette méthode promettent grâce à cette supplémentation acide une lactation abondante et un bébé vigoureux et en bonne santé, qui se révélera de surcroît, en grandissant, plus éveillé sur le plan intellectuel que les autres enfants, et aura des dents plus solides !

Antiseptique/ bactéricide

Le vinaigre a connu son heure de gloire avec les grandes épidémies de peste (du XIVe au XVIIe siècle), au cours desquelles on l'utilisait pour chasser les miasmes et le « mauvais air », dont les médecins devinaient, sans encore comprendre comment, qu'ils contribuaient à propager la maladie. L'acidité du vinaigre était supposée antiméphitique, c'est-à-dire efficace contre les vapeurs délétères comme contre les fièvres malignes ou contagieuses.

C'est pour cette même raison que l'Italien Ramazzini, auteur d'un *Essai sur les maladies des artisans* publié à Padoue en 1713, conseillait aux fossoyeurs de toujours porter sur eux un flacon de vinaigre et d'en respirer de temps à autre, « pour rétablir leur odorat et leurs esprits ». De la même façon, lorsque au XVIIIe siècle on déplaça les cimetières vers la périphérie des villes car les sépultures installées autour des églises étaient saturées et malsaines, et que l'on dut exhumer des corps, on utilisa largement le vinaigre, pur ou parfumé au benjoin (résine réputée particulièrement efficace pour combattre les « odeurs délétères »), afin de chasser les émanations pestilentielles et de désinfecter les églises.

Cette méthode est encore préconisée en 1801 par L. B. Guyton de Morveau dans son *Traité des moyens de désinfecter l'air*, même si l'on commence, à cette époque, à adopter des procédés plus modernes.

Jusqu'à l'apparition des antiseptiques, le vinaigre resta le seul moyen doté d'une quelconque efficacité pour tenter d'enrayer la propagation des épidémies. Les mesures prises en ce sens étaient aussi diverses qu'inventives.

On conseillait tout d'abord de respirer à travers des mouchoirs imbibés de vinaigre, ou des masques retenant une éponge ou un tampon imbibé de vinaigre. Pour plus de sécurité, on recouvrait ces derniers de faux nez de carton qui valaient à leurs porteurs le surnom de « corbeaux ».

Dans le même but, on portait sur soi des citrons piqués de clous de girofle ou des boules odorantes et, pour faire bonne mesure, on agitait devant soi, comme pour s'ouvrir un chemin « purifié », un bouquet de rue trempé dans du vinaigre.

Le *Petit traicté contenant la manière pour faire toutes confitures, compostes, vins saulges, muscadz pouldres, moutardes et plusieurs autres bonnes recettes*, rédigé par Jean Longis en 1545 et réimprimé treize ans plus tard par Benoist Rigaud et Jean Saugrain sous le titre *La Pratique de faire toutes confitures, condiments, distillations d'eaux odoriférantes et plusieurs autres recettes très utiles* avec, en appendice, le *Traité sur les vertus du vinaigre* de Baptiste de Cavigioles, donne la recette d'une « pomme pour odorer en temps d'épidémie », préconisée pour lutter contre l'air corrompu par ce que l'on appellera plusieurs siècles plus tard les microbes : il faut, dit l'auteur, mélanger du camphre, de la poudre de cèdre blanc, des pétales de rose, des feuilles de myrte, de l'encens, de la myrrhe et du ladanum (résine de ciste), puis lier ces ingrédients avec du vinaigre très fort, avant de les incorporer à une boule de gomme arabique afin de modeler une « pomme », que Baptiste de Cavigioles recommande d'« odorer souvent ».

Toujours pour chasser les miasmes, on pratiquait des fumigations vinaigrées dans les chambres des malades ou pour désinfecter les maisons des morts. Pour ce faire, on versait du vinaigre sur une pelle rougie au feu, que l'on agitait dans la pièce.

On utilisait aussi le vinaigre pour désinfecter les aliments : on lavait ainsi les fruits et les légumes avec, et l'on assaisonnait les viandes de même. Les médecins, eux, se lavaient les mains au vinaigre après leurs consultations.

Pour ne rien laisser au hasard, on se frictionnait aussi le corps au vinaigre, les auteurs de l'époque conseillant d'insister sur les jointures « où le mal prend ordinairement », c'est-à-dire les endroits où les bubons caractéristiques de la peste apparaissaient.

On n'hésitait pas non plus à consommer du vinaigre en traitement préventif, par voie interne. L'apothicaire et chimiste Nicolas Lemery recommande ainsi, à la fin du XVIIe siècle, de boire chaque matin à jeun, en période d'épidémie, une demi-cuillerée de vinaigre parfumé. Et l'on faisait boire aux malades du vinaigre pur ou des sirops de vinaigre (confectionnés en faisant réduire ensemble du vinaigre et du sucre) réputés antiputrides et rafraîchissants. Ils étaient souvent parfumés aux fruits.

Cet engouement pour la prophylaxie par le vinaigre et la relative efficacité de celle-ci ont très vite suscité des recettes supposées encore plus efficaces que le vinaigre ordinaire. Tout d'abord des vinaigres aromatiques, notamment le vinaigre à la rue, puis des compositions plus complexes.

La plus célèbre d'entre celles-ci est celle du

« Vinaigre des quatre voleurs », ainsi baptisé parce son usage aurait permis à quatre voleurs qui en imbibaient le linge leur protégeant le visage de résister particulièrement longtemps à la contagion. En période d'épidémie, on utilisait en effet les condamnés comme fossoyeurs et la plupart d'entre eux succombaient en quelques jours à la contagion. Voici la recette la plus classique (il en existe maintes variantes) du fameux vinaigre des quatre voleurs.

Faire macérer au soleil pendant deux à trois semaines, dans trois pintes (environ 1 litre et demi) de vinaigre fort, une once (environ 30 grammes) de chacun des ingrédients suivants : petite absinthe, grande absinthe, romarin, sauge, menthe et rue, quatre onces (environ 120 grammes) de fleurs de lavande ; et une demi-once (environ 15 grammes) de chacun des ingrédients suivants : calamus aromatique (aujourd'hui plus connu sous le nom d'acore odorant), cannelle, clou de girofle, noix de muscade, gousses d'ail fraîchement coupées en tranches, et une once (environ 30 grammes) de camphre. Filtrer avant usage.

Certaines recettes font aussi apparaître de la reine-des-prés et de la marjolaine, du genièvre, de la sauge, de l'angélique ou même du sel.

Nicolas Lemery, dans son *Recueil de secrets*, donne pour sa part une recette de vinaigre antiseptique bouilli avec de la rue, de l'absinthe, du genièvre, de l'ail, de l'angélique, du clou de girofle et de la noix de muscade.

L'efficacité, toute relative, de ces diverses recettes avait été empiriquement déterminée, sans qu'on en connaisse le moins du monde les mécanismes. Elle peut cependant s'expliquer par le pouvoir que possède le vinaigre de chasser les puces propagatrices de la peste. Les aromates à l'odeur puissante qu'on lui ajoutait ne pouvaient que renforcer cet effet.

La peste a, Dieu merci, déserté nos régions et il existe aujourd'hui des remèdes efficaces pour la combattre. L'usage du vinaigre comme désinfectant n'en est pas pour autant tombé en désuétude. Bien des siècles après la dernière grande épidémie, le courrier en provenance des pays exotiques continua ainsi à exhaler une légère odeur vinaigrée, car on l'en aspergeait pour le désinfecter. Aujourd'hui encore, des études scientifiques très sérieuses et extrêmement prometteuses sont menées dans le tiers monde sur les vertus du vinaigre comme désinfectant hospitalier... incomparablement moins cher et difficile à se procurer que ses concurrents.

D'une manière générale, le vinaigre peut être utilisé pour désinfecter et soigner les plaies et brûlures légères, notamment les coups de soleil.

Pline l'Ancien le conseillait déjà, au début de notre ère, pour désinfecter les morsures de chiens non enragés. Il fallait les badigeonner de vinaigre chaud à l'aide d'une éponge (« *acetum calidum in spongia* »).

Au XVe siècle, la recette s'était sophistiquée et l'on utilisait un vinaigre additionné de sel dans lequel on avait fait macérer au soleil des oignons et de la rue. En fait, on ignorait alors que le principe actif du mélange était bien le vinaigre.

Aujourd'hui, il s'utilise couramment pour désinfecter les petites plaies et les brûlures sans gravité (rougeur et sensation de chaleur, mais pas de cloque). Pour les coups de soleil, on recommande de préférence un vinaigre adoucissant aux roses rouges, obtenu en faisant macérer au soleil pendant deux semaines 100 grammes de pétales de roses rouges dans 1 litre de vinaigre. Le vinaigre à l'aloès favorise encore plus la cicatrisation des plaies et des brûlures, grâce aux vertus intrinsèques de cette plante.

En revanche, nul ne recommanderait la recette donnée par Nicolas Lemery et dont il affirme avoir lui-même vérifié l'efficacité, qui consiste « pour faire tenir feu en sa main sans se brûler », de s'enduire la paume d'un mélange de vinaigre, de vitriol (terme qui, à l'époque, ne désignait pas, comme aujourd'hui, un concentré d'acide sulfurique, mais des sulfates) et de jus de plantain ! Tous les plantains possèdent certes des propriétés cicatrisantes qui viennent s'ajouter à celles du vinaigre, mais de là à les tester à la manière des antiques ordalies, il y a un grand pas, qu'il paraît fort déconseillé de franchir !

Anti-infectieux

Le vinaigre compte parmi les premiers médicaments bactéricides de l'histoire, les ancêtres de nos antibiotiques. Les textes médicaux assyriens le recommandaient déjà pour traiter les affections de la sphère ORL. Après une brève éclipse sous le règne incontesté des remèdes « modernes », il revient aujourd'hui sur le devant de la scène, notamment pour combattre les otites répétées des enfants ou des amateurs de longueurs de piscine. On l'utilise dans ce cas en bains d'oreilles, comme le préconisaient déjà, voici une vingtaine de siècles, les médecins antiques, qui conseillaient, pour en augmenter l'efficacité, de faire bouillir dedans de la marjolaine, de la sauge ou de la rue. Aujourd'hui, on utilise le vinaigre dilué dans de l'eau bouillie.

Le vinaigre, pris en sirop ou en gargarismes, soulage également les maux de gorge. On en dilue une cuillerée à soupe dans un verre d'eau tiède additionné d'une cuillerée à café de miel. Certains conseillent de relever la mixture d'une pincée de piment de Cayenne, puissant antiseptique devant l'Éternel, mais cela semble plutôt tenir de la méthode « chinoise » qui consiste à chasser une douleur par une autre : de fait, on aura trop la bouche « en feu » pour se rappeler que l'on souffrait de la gorge !

Pour soigner les aphtes et les gingivites, on préférera du vinaigre à la myrrhe, utilisé en bains de bouche.

Rhumes : On sait aujourd'hui que les rhumes sont l'œuvre d'un virus et qu'il n'est guère d'autre remède que d'« attendre que cela passe », mais cela n'empêche pas de chercher à en soulager les symptômes. Voici quelques recettes traditionnelles éprouvées pour être le moins possible incommodé par ce petit désagrément hivernal.

Pour dégager les voies respiratoires supérieures (le nez, la gorge et les sinus), on respirera du vinaigre à l'eucalyptus, préparé en mélangeant à du vinaigre de cidre ou, à défaut, à du vinaigre d'alcool, quelques gouttes d'huile essentielle d'eucalyptus. De manière générale, respirer des vapeurs de vinaigre calme les éternuements.

Les personnes souffrant de sinusite verront leur état s'améliorer si elles consomment au lever, à midi, et au coucher une cuillerée à café de vinaigre de cidre diluée dans un verre d'eau tiède.

Pour dégager les voies respiratoires inférieures (les bronches et les poumons), rien ne vaut un bon cataplasme. On en confectionne de très efficaces avec du vinaigre de cidre et du poivre appliqués en compresse sur la poitrine. On peut aussi recourir à des frictions de vinaigre camphré sur la poitrine ou à des sinapismes de farine de moutarde et de vinaigre très fort (vinaigre d'alcool à 8°).

Toux : Depuis Hippocrate, on soigne les maux des poumons et de la poitrine à l'aide d'un mélange de vinaigre et de miel (compter 250 grammes de miel pour 1/2 litre de vinaigre de vin) appelé *oxymel*, que l'on consommait le plus souvent allongé d'eau.

Plus tard, pour augmenter son efficacité, on fabriqua l'oxymel avec des vinaigres dans lesquels avaient macéré des plantes aux propriétés antitussives ou pectorales. On prescrivait encore couramment, au début du XIXe siècle, un sirop pectoral composé de vinaigre, de miel, de racine d'iris, de racine d'aunée et de gomme ammoniaque (résine d'une plante africaine), qui n'était en fait rien de plus qu'un oxymel amélioré.

De fait, peu de recettes sont aussi efficaces et dépourvues d'effets secondaires. Contrairement à la plupart des sirops vendus dans le commerce, les sirops au vinaigre et au miel calment durablement la toux sans provoquer de somnolence.

Le vinaigre soulage également les toux d'irritation. La meilleure solution consiste à en imbiber un mouchoir que l'on gardera à portée de main. Cette méthode soulage aussi, même si elle ne remplace pas les médications habituelles, l'asthme et les quintes de coqueluche.

Douleurs dentaires : Jusqu'à l'apparition des analgésiques modernes, on les soulageait par des gargarismes de vinaigre opiacé.

Voici cependant la recette d'un bain de bouche antiseptique connu depuis des siècles, mais qui n'a guère vieilli : mélanger du vinaigre de vin ou de cidre avec une quantité équivalente d'eau et les faire bouillir avec du clou de girofle, du sel, du poivre et un peu d'eau-de-vie.

Apéritif et digestif

S'il est une vertu du vinaigre sur laquelle tous s'accordent, c'est bien sa capacité à ouvrir l'appétit et à assurer une digestion sereine. Dioscoride et Avicenne, qui professaient pourtant souvent des théories opposées, l'évoquaient déjà de concert, répondant à ceux qui accusaient le vinaigre de « gâter l'estomac » qu'au contraire il confortait et aidait la digestion.

Un auteur du XVIIe siècle a écrit à son propos : « C'est un des principaux aiguillons de l'appétit et il est en outre profitable à inciser, ouvrir et désopiler et à contempérer l'ardeur de la bile. [Il] empêche en outre la corruption, aide la digestion aux estomacs... mais il faut en user avec discrétion, voire en le corrigeant et contempérant, avec du sucre et autres choses. » Tout est dit.

Ces propriétés du vinaigre résultent peut-être de sa grande similitude, sur le plan chimique, avec les sucs gastriques.

Un excellent apéritif : Le vinaigre stimulant l'appétit, on prit très vite l'habitude de servir en début de repas des plats vinaigrés tels que des crudités en salade. Les Anciens recommandaient tout particulièrement, à cet égard, le vinaigre scillitique, ou vinaigre à la scille, une plante herbacée proche de la jacinthe.

Caton l'Ancien évoque quant à lui, dans son *Traité d'agriculture*, les vertus apéritives du chou cru macéré dans du vinaigre (qui peut aussi faire office de digestif s'il est consommé après le repas).

Platine le considère comme le meilleur stimulant du goût et de l'appétit. C'est pourquoi, conclut-il, on le sert souvent « au commencement et en première table ». On consommait d'ailleurs encore au XVIe siècle un oxymel apéritif, dilution de vinaigre et de miel dans de l'eau parfumée à la menthe, au poivre et au persil.

Commencer le repas par un plat vinaigré est aujourd'hui moins systématique qu'au Moyen Âge, mais les crudités servies avec une sauce vinaigrette font néanmoins partie des entrées modernes les plus communes.

Facilite la digestion : Le vinaigre augmente les sécrétions salivaires, si bien que l'on apprécie plus le goût des aliments et que l'on les digère mieux.

Le célèbre cuisinier romain Apicius a laissé deux recettes d'un condiment vinaigré digestif appelé *oxygarum*. Elles consistent toutes deux en un mélange d'épices broyées (poivre, cardamome, cumin, nard, une plante herbacée de la famille des valérianacées très appréciée des Anciens, et menthe sèche, pour la première ; et poivre, persil, carvi et livèche, pour la seconde) et liées avec du miel, que l'on consommait mélangées à du *garum* (ingrédient mythique de la cuisine romaine, à base de poisson, dont le plus proche équivalent moderne est le *nuoc-mâm* vietnamien) et du vinaigre.

Au Moyen Âge, cuisine et diététique sont intimement liées. Toute forme de préparation culinaire tend à « adoucir » l'aliment (même si elle utilise pour ce faire des ingrédients qui n'ont rien de doux au premier abord, comme le vinaigre ou les piments), ce qui signifie en corriger les défauts, autrement dit, le rendre plus digeste !

Les aliments étaient à l'époque classifiés en deux catégories, suivant qu'ils étaient « froids » ou « chauds ». La cuisine visait à « réchauffer » les aliments « froids » et à « refroidir » les aliments « chauds ». Jusqu'au début du XVIIe siècle, un des sens du terme « assaisonner » demeura d'ailleurs « tempérer ». Le vinaigre et, de manière générale, les assaisonnements acides, « froids », étaient particulièrement recommandés pendant la saison chaude et les épices fortes, « chaudes », étaient le plus souvent associées au vinaigre, condiment « froid », qui était supposé en modérer la chaleur. Cette terminologie a totalement disparu de la langue française, mais en anglais, on dit encore d'une sauce ou d'un plat puissamment épicé qu'il ou elle est *hot* (« chaud »). Détail amusant, la salade, longtemps réputée froide et indigeste, se voyait plutôt assaisonner de condiments chauds comme le sel et l'huile que du froid vinaigre !

En vertu de ces théories, on conseillait, au Moyen Âge, d'assaisonner de vinaigre les nourritures réputées indigestes, comme la viande de bœuf, aliment fort peu prisé jusqu'au XVIIe siècle. Ainsi Galien recommandait-il à « ceux qui par nécessité » devaient en consommer de « tremper [leur viande] en vinaigre et la manger avec des aulx et de la rue pour aider à la digestion ».

On accommodait volontiers les aliments lourds avec une sauce « chaude » faite de vinaigre, de vin, de pain brûlé, de raisins secs, de cannelle, de gingembre, de clou de girofle et de poivre long (une épice fort appréciée, à l'époque, qui ne se consomme plus aujourd'hui qu'en Asie), ou une sauce au poivre noir associant gingembre, poivre noir, pain brûlé, vinaigre et verjus.

Dans le même ordre d'idées, Platine évoque un « sirop acéteux », fait de vinaigre de sucre et d'eau, dont la consommation quotidienne protège des maladies car il « fait digérer les matières ».

Par la suite, la cuisine s'est dissociée de la diététique et l'usage des condiments et épices est devenu plus ludique que « médical ». Pourtant, la notion selon laquelle les aliments vinaigrés « font digérer » est restée, comme en témoigne l'usage de servir de la salade après le plat principal.

Comme beaucoup de rituels alimentaires, celui-ci repose sur une réalité : le vinaigre et tous les assaisonnements acides améliorent le métabolisme des protéines. L'habitude de servir viandes et poissons accompagnés d'une sauce vinaigrée ou de citron ne s'est d'ailleurs jamais perdue, pas plus que celle qui consiste à assortir certains plats lourds d'une sauce ou d'un condiment vinaigré : ainsi la tête de veau se sert-elle toujours avec une sauce vinaigrette, ou sa variante, la sauce ravigote.

On connaît aujourd'hui l'explication scientifique de cette vertu du vinaigre : il stimule les sécrétions de tous les organes de l'appareil digestif (bouche, estomac, pancréas, foie et intestins), ce qui garantit automatiquement une digestion plus facile. Il agit non seulement sur le métabolisme des protides mais aussi sur celui des lipides, qu'il régularise, ce qui contribue à réduire les conséquences néfastes d'un repas trop riche.

Le vinaigre facilite également la digestion de la cellulose, donc des fibres des légumes et des fruits. Il est ainsi souhaitable de manger les légumes crus et les légumes secs additionnés de vinaigre. C'est sain, et c'est bon !

Les Vermontois fournissent une justification supplémentaire à la consommation régulière de vinaigre : une nourriture trop alcaline est mauvaise pour la santé, car elle alcalinise le corps. Or les Vermontois sont persuadés, nous l'avons vu, que maintenir une bonne acidité de l'organisme est un gage de bonne santé. Il faut donc acidifier son alimentation. Et la meilleure manière d'acidifier son alimentation consiste à arroser les mets alcalinisants (viande, légumes secs, etc.) de vinaigre de cidre.

Soulage les embarras digestifs en tout genre : Si l'antique et quelque peu magique remède consistant à traiter les douleurs et embarras digestifs par l'application de cataplasmes vinaigrés sur le ventre n'a plus cours, le vinaigre, à cause de ses propriétés digestives, soulage maints petits problèmes dans ce domaine.

Contre les embarras gastriques, la meilleure option consiste à utiliser du vinaigre à la menthe, qui cumule les vertus du vinaigre et les propriétés digestives bien connues de la menthe. On le boira dilué dans un peu d'eau.

L'absorption de vinaigre peut également régulariser le fonctionnement du foie et du pancréas, même si le traitement antique des hépatites et des cirrhoses par le vinaigre au pissenlit est malheureusement inefficace.

Le vinaigre est aussi recommandé pour lutter contre les nausées et les vomissements, qu'ils soient dus à un problème purement digestif ou au mal de mer, ou même... au fait d'être enceinte. On utilisera de préférence du vinaigre à la menthe, car cette plante est un antispasmodique naturel, ou, en cas de vomissements, du vinaigre au clou de girofle. Deux méthodes sont possibles : en imbiber un mouchoir et le respirer, ou en boire une cuillerée à café diluée dans un demi-verre d'eau glacée. Ce dernier détail est très important, surtout en cas de vomissements, car le froid paralysera l'estomac suffisamment longtemps pour permettre aux principes actifs du vinaigre et de la menthe ou du clou de girofle d'agir (sur un estomac bouleversé, la moindre gorgée d'eau peut en effet suffire à déclencher des vomissements réflexes).

En matière intestinale, on a longtemps considéré le vinaigre comme le traitement d'élection des « flux de ventre » et autres « coliques de plomb ». On pensait, selon la poétique définition donnée par Héraclidès de Tarente et rapportée dans *Le Banquet d'Athénée* au début de notre ère, que « le vinaigre resserre certaines parties extérieures, et de même les matières qui se trouvent dans le ventre ». On l'utilisait de ce fait en lavements ou en potions.

Pline l'Ancien évoque ainsi un *oxycrat*, mélange de vinaigre et d'eau (1/2 cuillerée à soupe de vinaigre par litre d'eau), dont il fallait absorber un verre toutes les trois à quatre heures.

D'autres auteurs recommandaient de manger des fèves cuites dans de l'eau vinaigrée.

Nicolas Lemery donne quant à lui une recette aussi surprenante qu'exotique, de pierre ponce et de corail broyés et cuits au four avec du vinaigre. On détrempait la poudre ainsi obtenue avec du vinaigre, puis, après un bref temps d'évaporation, on faisait cuire le mélange au bain-marie avec du sucre candi, de manière à obtenir un sirop censé combattre la dysenterie.

Tout cela prête bien sûr à rire, mais de fait, le vinaigre calme bel et bien les irritations intestinales et régularise le transit digestif ! Ses propriétés germicides agissent également sur les flatulences en supprimant les fermentations intestinales qui en sont responsables. Il s'agit ici de consommer du vinaigre dilué dans de l'eau tiède (1 cuillerée à café par verre, aux trois repas principaux). On peut utiliser du vinaigre de cidre ordinaire ou parfumé au pissenlit.

Le vinaigre s'utilise aussi pour traiter la constipation ; il faut alors additionner son eau vinaigrée de une ou deux cuillerées à café de miel.

Fait cesser le hoquet : Le vinaigre est souverain contre ce petit désagrément. Il suffit de boire lentement et sans respirer trois gorgées d'eau tiède additionnée de vinaigre pour le voir aussitôt s'apaiser.

On peut préférer mâcher lentement un sucre imbibé de vinaigre, ou encore absorber du suc de menthe poivrée (obtenu en broyant les feuilles) mêlé à quelques gouttes de vinaigre.

Antipoison

Le vinaigre jouit depuis l'Antiquité d'une réputation d'antipoison. De fait, puisqu'il aide à digérer des aliments lourds, pourquoi ne permettrait-il pas de survivre à l'ingestion de substances non comestibles ?

Au Ier siècle avant J.-C., le médecin grec Asclépiade le recommandait déjà comme remède aux intoxications dues à l'opium ou au gui et aux morsures de serpent. D'autres auteurs l'affirmaient souverain contre les champignons vénéneux. Avouons qu'ils exagéraient un tantinet ses pouvoirs : ces derniers cas relèvent exclusivement du médecin ou du centre antipoison.

Il n'en demeure pas moins que le vinaigre possède d'indéniables vertus d'anti-intoxication.

Antiseptique alimentaire et digestif : Les recettes moyenâgeuses ne reculaient devant aucune sorte d'aliment et l'on n'hésitait pas à consommer aux tables seigneuriales des dauphins ou des cygnes, sans compter les gibiers de tous poils et plumes. Certains de ces mets se révélaient indigestes, voire carrément malsains. Ainsi, les anguilles, trop souvent pêchées dans des eaux croupies ou corrompues, provoquèrent d'innombrables cas d'empoisonnement. Un de ces drames fut même immortalisé dans une célèbre chanson populaire anglaise d'époque élisabéthaine, *Lord Randall*, qui raconte comment un jeune seigneur périt pour avoir mangé chez sa dulcinée des anguilles pêchées dans un fossé.

Comme il aurait paru ridiculement pusillanime de renoncer à des mets recherchés par souci de santé, on s'efforçait de les accommoder de manière à les rendre inoffensifs, à grand renfort d'épices et de vinaigre. Un auteur italien du XIIIe siècle rapporte ainsi des recettes de langue et de cervelle qui font appel à des quantités considérables de vinaigre, de poivre et de gingembre.

Le vinaigre jouait en effet un rôle prépondérant dans le processus d'anti-intoxication. De fait, même si le goût de l'époque portait vers des assaisonnements acidulés, on préférait pour les aliments fins et digestes tels que les volailles, par exemple, utiliser du verjus (jus de raisins cueillis verts et, par analogie, de certains cépages très acides), et réserver le vinaigre aux aliments grossiers et indigestes.

Les cuisiniers et médecins médiévaux n'avaient pas tort : l'action antiseptique du vinaigre peut aussi s'exercer à l'intérieur du tube digestif et rendre inoffensifs ou, du moins, moins dangereux, les aliments avariés. C'est pourquoi on le considère comme un excellent remède préventif et curatif des intoxications alimentaires.

En traitement préventif, on prendra, une demi-heure avant le repas dont on croit devoir se méfier, un verre d'eau additionnée de deux cuillerées à café de vinaigre. Il s'agit là d'une excellente méthode, lorsque l'on voyage à l'étranger, pour se prémunir contre la *turista*... à condition de toujours penser à diluer son vinaigre dans de l'eau bouillie ou en bouteille. Ce traitement permet à l'organisme de résister beaucoup plus efficacement aux toxines contenues dans un aliment avarié.

Lorsqu'on a omis ces précautions salvatrices, on pourra recourir au vinaigre en traitement curatif. On utilisera dans ce cas du vinaigre de cidre dilué dans de l'eau (à raison d'une cuillerée à café de vinaigre par verre d'eau), que l'on absorbera par petites doses régulières pendant vingt-quatre heures d'affilée. L'eau vinaigrée sera bue par petites gorgées, espacées de quelques minutes si l'on souffre de vomissements, afin de ne pas bouleverser plus encore l'estomac. Le traitement complet comporte trois verres d'eau vinaigrée. Il suffit en général à guérir l'intoxication en une journée.

Agit sur les intoxications à l'opium : On employa longtemps, en guise d'antidote à ce que l'on n'appelait pas encore une overdose, un « vinaigre de café » que l'on préparait en faisant bouillir du café réduit en poudre dans du vinaigre de vin et en additionnant le breuvage obtenu de sucre. Ce remède vinaigré s'administrait chaud, à raison de deux cuillerées toutes les quatre heures. Les fumeries d'opium en possédaient toutes quelques flacons, pour le cas où l'un de leurs clients serait pris de malaise.

Saint-Simon raconte d'ailleurs dans ses *Mémoires* comment les valets du marquis du Bordage lui sauvèrent la vie en lui faisant boire du vinaigre après qu'il eut tenté de se suicider à l'opium en apprenant la mort de sa maîtresse, la marquise de Polignac.

Cette mixture était aussi réputée dissiper les vapeurs de l'ivresse et soigner le *delirium tremens*, indication déjà évoquée par Héraclidès de Tarente, dont un personnage reproche à l'autre de l'avoir forcé à absorber « quatre cuillerées d'un cotyle [mesure correspondant à 8 décilitres] de vinaigre de Décilie », afin de le dégriser.

Mais l'opium ne se fume plus guère aujourd'hui dans nos pays. Des stupéfiants autrement plus concentrés l'ont remplacé, contre lesquels un simple vinaigre, fût-il fortifié de café, resterait hélas sans pouvoir...

Antidote contre les venins en tout genre : Les Anciens croyaient le vinaigre efficace contre les morsures de tous les animaux venimeux, du serpent (Pline l'Ancien recommandait tout particulièrement, à cet égard, un vinaigre fait à partir de vin de Thasos, île grecque proche de la Thrace) au scorpion, mais ils le surestimaient quelque peu, même lorsqu'ils lui adjoignaient les ingrédients les plus incongrus aux vertus mythiques, comme la cervelle de lièvre.

Inutile de recourir à des recettes aussi complexes et répugnantes, et de surcroît inefficaces dans les piqûres des animaux réellement venimeux (reptiles, scorpions, etc.). Cela dit, le vinaigre demeure, sans qu'il soit besoin de l'apprêter d'aucune manière, le plus efficace des soins pour soulager les piqûres de méduse. Non que le seul fait d'arroser la piqûre de vinaigre neutralise totalement le venin, mais cela calme presque instantanément la sensation de brûlure que ce venin occasionne. Le même traitement peut être appliqué tout aussi efficacement aux piqûres de guêpe, d'abeille, d'araignée, ou d'ortie.

Bon pour la peau et antiprurigineux

Un des domaines d'élection du vinaigre est la dermatologie. Les Anciens le considéraient à cet égard comme un véritable remède miracle, le médecin grec Dioscoride allant même jusqu'à l'affirmer efficace contre toutes les maladies de peau, lèpre comprise ! Et s'il exagérait en ce qui concerne la lèpre, force est d'avouer qu'il n'avait pas tout à fait tort pour le reste.

Grâce à son pH très proche de celui de la peau (à l'inverse, par exemple, de celui du savon), le vinaigre soulage en effet la plupart des irritations cutanées. Et il possède la vertu supplémentaire de neutraliser le calcaire qui rend l'eau des villes si souvent irritante pour les épidermes sensibles ou fragilisés.

Les démangeaisons courantes se verront soulagées par l'application locale de vinaigre de cidre (ou, à la rigueur, de vinaigre de vin), pur ou dilué, selon les cas, ou encore par l'adjonction de vinaigre dans un bain (1/4 de litre de vinaigre par bain).

De même, on lavera les bébés atteints de dermite fessière à l'eau additionnée de vinaigre de cidre. Les démangeaisons liées aux hémorroïdes seront quant à elles soulagées par l'application de vinaigre de cidre pur, alors que l'on préférera, pour traiter le prurit ano-génital, une infusion de camomille romaine additionnée de deux cuillerées à café de vinaigre par litre.

Dans les cas plus sérieux, ou pour traiter les rougeurs, on pourra recourir à des emplâtres vinaigrés, confectionnés en détrempant de vinaigre de cidre dilué de moitié à l'eau, de la farine d'avoine ou de l'argile blanche, substances dont les propriétés adoucissantes et cicatrisantes reconnues viendront s'adjoindre à celles du vinaigre.

On peut aussi utiliser avec bonheur le vinaigre de cidre contre les mycoses et les dermatoses parasitaires. Dans le premier cas, le vinaigre parfumé au thym est tout particulièrement réputé.

La gale se traite depuis l'époque romaine par l'application de solutions à base de vinaigre. Si Pline l'Ancien recommandait du vinaigre de vin miellé dans lequel on broyait des feuilles de morelle douce-amère, on préfère aujourd'hui recourir à des décoctions[1] de bourdaine ou de thym additionnées d'un verre de vinaigre par litre, ou à des frictions avec des fruits de fusain d'Europe écrasés dans du vinaigre ordinaire ou dans du vinaigre aux fleurs de lavande. Pour les dermatoses siégeant sur le cuir chevelu, on obtient d'excellents résultats avec une lotion capillaire mêlant du fusain d'Europe en décoction et du vinaigre de cidre (1 verre de vinaigre par litre de décoction).

Contre l'impétigo ou la teigne, mieux vaut en revanche appliquer du vinaigre de cidre pur sur les lésions, afin d'accélérer leur cicatrisation.

Le même traitement, appliqué toutes les deux heures, soulagera aussi les douleurs liées au zona et facilitera la cicatrisation des lésions dues à cette affection.

Prévient les infections urinaires

Voilà une vertu du vinaigre qui intéressera toutes les femmes. Absorber chaque jour du vinaigre de cidre contribue à la prévention des infections urinaires car un tel traitement acidifie les urines, et les bactéries se développent mal en milieu acide.

Bien entendu, seul un traitement régulier est susceptible d'une réelle efficacité.

Attention : il s'agit là d'une prophylaxie préventive. En cas d'infection urinaire déclarée, il est impératif de consulter son médecin et d'obéir à ses prescriptions.

1. Une décoction s'obtient en faisant bouillir des plantes aromatiques dans de l'eau, alors que, pour une infusion, on verse simplement de l'eau bouillante sur lesdites plantes.

Calme les nerfs

Pline l'Ancien évoque des traitements à base de vinaigre de scille pour l'épilepsie, la mélancolie, l'hystérie et, plus généralement, les nerfs fragiles. Vaste programme... Plus prosaïquement, les XVIIIe et XIXe siècles virent la vogue des *black drops* (« gouttes noires ») de Lancaster, élixir calmant qui, comme son nom l'indique, se consommait sous forme de gouttes, et était composé de vinaigre, de sucre, de noix de muscade, de safran... et d'opium. On aurait cependant tort de croire que le vinaigre ne servait que d'excipient dans ces préparations. Même si dans le cas des *black drops*, il était évidemment supplanté par l'opium, il figurait dans la recette à cause de ses propriétés... sédatives ! Mais oui !

L'expérience montre en effet qu'un traitement régulier au vinaigre de cidre calme les grands nerveux et les enfants hyperactifs en deux mois environ. On sait qu'il agit sur ce plan grâce à l'action régulatrice qu'il exerce sur le métabolisme, laquelle se répercute, par suite, sur les mécanismes producteurs d'énergie de l'organisme.

De la même façon, un tel traitement soulage les nerfs tendus et les angoisses liés au stress de la vie moderne. Pour une efficacité accrue, on choisira un vinaigre (de cidre, si possible) parfumé à la sauge, à la lavande ou au romarin, toutes plantes dotées elles aussi de vertus sédatives.

Agit sur l'insomnie : Prendre chaque soir au coucher quelques gorgées d'eau vinaigrée et miellée chasse durablement les insomnies. Il faut utiliser du vinaigre de cidre dilué dans de l'eau avec du miel, à raison de 125 millilitres de miel et de trois cuillerées à café de vinaigre pour une grande bouteille d'eau. Si le sommeil tarde, rien n'interdit d'en reprendre quelques gorgées. Même chose en cas de réveil nocturne intempestif. Avantage supplémentaire : vous vous réveillerez frais et dispos, et en pleine forme.

Attention, il s'agit là d'un traitement de fond, qui peut ne produire d'effet sensible qu'au bout de deux ou trois semaines. Et les résultats véritables n'apparaîtront qu'après deux mois.

Un classique contre les évanouissements et les crises de nerfs : Rien ne remplace, dans ce domaine, les « sels » d'antan, c'est-à-dire les sels volatils de vinaigre. Concrètement, il s'agit de sulfate de potasse réduit en poudre et imbibé de vinaigre parfumé ou non, que l'on conservait autrefois dans des flacons de cristal portatifs.

À cause de la composition de leur contenu, les Anglais appelaient d'ailleurs « vinaigrette » les flacons de sels que portaient sur elles les élégantes toujours promptes à défaillir.

Apaise les maux de tête

La plupart des maux de tête ayant une composante nerveuse, le vinaigre ne peut que les soulager. Ainsi, respirer du vinaigre, de préférence parfumé à la lavande ou au romarin, plantes aux vertus calmantes, ou des « sels », puis, si possible, s'allonger dans un endroit sombre pendant au moins une demi-heure et se relaxer apporte le plus souvent une amélioration.

On aura également avantage à se tamponner les tempes et le front de vinaigre. En revanche, inutile de recourir aux finesses recommandées par Platine, cataplasmes de vinaigre et d'huile rosat appliqués sur un tampon de laine non lavée (pourquoi, grand Dieu, ce dernier détail ?).

Les inhalations de vinaigre de cidre mélangé par moitié à de l'eau bouillante apportent elles aussi, en général, un soulagement.

Pour le cas particulier des névralgies liées au froid, on recommande d'appliquer sur le front et les tempes un cataplasme de fleurs et de feuilles de verveine officinale (fraîches, si possible) cuites dans un peu de vinaigre blanc.

Ces méthodes apaisent en général les maux de tête, mais, pour les personnes qui en sont régulièrement affligées, rien ne vaut, comme toujours, la prévention, et celle-ci passe par l'absorption quotidienne de vinaigre de cidre dilué dans de l'eau.

Soulage l'arthrite

L'arthrite est une maladie fort pénible, très répandue, et que la médecine allopathique classique ne sait pas toujours bien soigner.

L'utilisation du vinaigre dans le traitement de l'arthrite est fort ancienne puisque Pline l'Ancien cite déjà un liniment à base de vinaigre additionné de cendre de sarments de vigne et de carbonate de soude, destiné à faire disparaître les « excroissances charnues nées sur les os », ce qui semble bien correspondre à de l'arthrite.

Par la suite, les recettes les plus fantaisistes devaient se succéder au fil des siècles, emplâtres au vinaigre et à la bouse de vache ou savants baumes antiarthritiques dont la préparation fait frémir. Pour l'un des plus célèbres d'entre eux, le baume de Sancher, qui date du XVIIe siècle, il fallait en effet tout d'abord confectionner du « savon animal », c'est-à-dire une mixture de moelle de bœuf, de blanc de baleine, d'huile concrète de noix de muscade et de lessive de soude, puis le mélanger avec du vinaigre, de l'alcool de lavande, du camphre et des huiles essentielles de menthe poivrée, de cannelle, de lavande, de muscade, de girofle et de sassafras.

Puis apparurent les médicaments modernes, et les arthritiques se prirent à espérer que la chimie viendrait au secours de leurs maux. Cet espoir déçu, on se tourna de nouveau vers les remèdes traditionnels et, en simplifiant les mixtures trop complexes et en éliminant les ingrédients fantaisistes, on découvrit que l'un de leurs dénominateurs communs était le vinaigre et, plus précisément, le vinaigre de cidre.

Consommer à chaque repas une petite dose de vinaigre de cidre dilué dans de l'eau et édulcoré avec un peu de miel apporte, si l'on en croit les personnes qui suivent ce traitement, un soulagement indéniable. Certains l'associent aux sels d'Epsom, c'est-à-dire au sulfate de magnésium, dont les vertus anti-inflammatoires sont connues depuis l'époque romaine. Les médecins américains commencent d'ailleurs à se pencher de très près sur les vertus de ce simplissime et pourtant efficace traitement.

Pourquoi du vinaigre ? Pour la médecine traditionnelle du Vermont, l'arthritisme n'est rien d'autre qu'une mauvaise assimilation du calcium, qui conduit à le stocker en excès dans certaines parties de l'organisme, alors même que, bien souvent, cet organisme considéré de manière globale en manque.

Or le métabolisme du calcium est directement lié à l'efficacité des sécrétions gastriques. Si celles-ci sont insuffisantes, elles ne pourront dissoudre le calcium présent dans le bol alimentaire et il ne sera pas assimilé. Les intensifier comme le fait, on l'a vu, le vinaigre, doit donc logiquement soigner l'arthrite.

Le traitement : On absorbera chaque jour, par voie interne, un verre d'eau additionnée de une à deux cuillerées à café de vinaigre de cidre avant chaque repas. Si on le souhaite, on peut édulcorer cette mixture de une ou deux cuillerées à café de miel. L'absorption de comprimés à base d'algues lyophilisées complète avantageusement le traitement.

Attention ! Il s'agit, une fois encore, d'un traitement à long terme. N'en attendez pas d'effets immédiats.

Ce traitement interne s'accompagne d'une thérapie par voie externe, elle aussi fondée sur les vertus du vinaigre. On baigne matin et soir pendant une dizaine de minutes les articulations atteintes dans un mélange d'eau chaude et de vinaigre (1/2 volume de vinaigre pour 3 volumes d'eau). Pour les articulations plus difficiles à baigner, comme le genou ou le coude, on préférera un enveloppement chaud avec une compresse trempée dans l'eau vinaigrée. Maintenir la compresse en place en enrobant l'articulation d'un morceau de film plastique transparent pour conserver les aliments, en prenant garde de ne pas trop le serrer. La justification de ce dernier traitement est néanmoins peu convaincante puisqu'il vise à « dissoudre sous l'action du vinaigre le calcaire déposé sur les articulations » comme un vulgaire comprimé de calcium, et que l'on a peine à croire que son action corrosive s'exerce à travers peau et muscles !

Anticoagulant ou antihémorragique ?

Action sur la fluidité sanguine : Le vinaigre est réputé fluidifier le sang et dissoudre les caillots sanguins, mais on vante aussi, de manière totalement contradictoire, ses vertus antihémorragiques.

Les médecines traditionnelles, qui accordent une grande importance aux considérations sur la fluidité sanguine et attribuent nombre de malaises à un « épaississement du sang », s'intéressent de près au vinaigre, car les aliments acides sont supposés fluidifier le sang (à l'inverse des aliments protéinés, qui l'épaississent).

Les propriétés hémostatiques (antihémorragiques) du vinaigre lui valent d'être utilisé dans le cadre chirurgical depuis l'Antiquité. Les médecins de l'époque conseillaient en effet aux patients sur lesquels ils avaient pratiqué une lithotomie (c'est-à-dire une extraction de calculs) des bains de siège de fort vinaigre chaud, afin d'éviter les hémorragies. De la même façon, les auteurs du XVIe siècle l'affirmaient capable d'« arrester le sang de quelque par qu'il sorte ». Il était de ce fait recommandé notamment dans le traitement des hémorragies génitales, les recettes les plus raffinées l'associant à des toiles d'araignée, elles aussi réputées hémostatiques.

De nos jours, certains praticiens prescrivent encore avant les interventions chirurgicales un traitement préventif au vinaigre, pour réduire les risques d'hémorragie.

Un traitement de fond à base de vinaigre de cidre (une ou deux cuillerées de vinaigre de cidre diluées dans un verre d'eau, à chaque repas) est en tout cas recommandé pour juguler les problèmes de saignements, qu'ils soient d'origine hémorroïdaires ou liés à des règles trop abondantes. Contre les saignements de nez des enfants, l'application d'un tampon imbibé de vinaigre fait souvent merveille.

Varices et jambes lourdes : L'absorption quotidienne de vinaigre de cidre contribuant à régulariser la circulation sanguine, elle ne peut que produire un effet bénéfique sur les varices et les autres problèmes d'origine veineuse.

On conseille en outre d'appliquer chaque jour autour des jambes des bandages imbibés de vinaigre, et de se masser régulièrement avec du vinaigre de cidre pur.

Combat l'hypercholestérolémie

La pectine contenue dans le vinaigre de cidre fabriqué à partir de pommes fraîches entières facilite l'élimination du cholestérol et évite qu'il s'accumule dans l'organisme.

En clair, absorber chaque jour du vinaigre de cidre prévient l'accumulation du cholestérol sur les parois des vaisseaux sanguins, aussi appelée athérosclérose, qui est à terme responsable d'accidents cardio-vasculaires parfois fatals.

Combat l'hypertension artérielle

Prendre chaque matin deux cuillerées à café de vinaigre de cidre dans un verre d'eau contribue à réguler la tension artérielle. Le vinaigre au pissenlit donne des résultats particulièrement bons grâce à sa légère action diurétique.

Soigne les vertiges

Boire chaque jour du vinaigre de cidre, ordinaire ou parfumé au romarin, dans de l'eau apporte une amélioration des malaises en un mois environ.

Contre les douleurs diverses

Contre les contusions et sciatiques, on recommande des cataplasmes de feuilles de verveine officinale cuites dans du vinaigre.

Contre les douleurs musculaires telles que les courbatures ou les foulures, l'application de bandages vinaigrés apporte un soulagement certain. Les médecins vermontois recommandent un liniment à base de vinaigre dans lequel on a fait dissoudre une coquille d'œuf, ou encore un baume confectionné en battant un jaune d'œuf et une cuillerée à soupe de vinaigre de cidre dans un peu d'huile d'olive.

Fébrifuge

En cas de poussée de fièvre, le vinaigre sait aussi se faire apprécier. On l'utilise alors en cataplasmes appliqués sur la plante des pieds, que l'on fabrique en hachant des feuilles de pourpier avec du sel et du vinaigre.

Les frictions vinaigrées calment quant à elles les sueurs nocturnes et contribuent à faire baisser la température corporelle.

Soins des yeux

La médecine antique utilisait le vinaigre pour soigner les affections oculaires les plus diverses, depuis les banales irritations jusqu'à la cataracte.

On limite aujourd'hui son emploi au traitement, par des bains d'yeux vinaigrés, des irritations des yeux dues à la poussière, à la pollution ou à la lumière. On l'utilise dilué dans de l'eau bouillie, à raison de une cuillerée à café de vinaigre pour un verre d'eau bouillie.

Autres vertus plus controversées

Antiulcéreux ? Si étonnant que cela puisse paraître au premier abord, des chercheurs japonais ont démontré que l'absorption régulière de vinaigre pouvait, dans certains cas, prévenir les ulcères gastriques liés à l'alcoolisme, en faisant sécréter par l'estomac un suc protecteur. Ce traitement, qui serait efficace dans plus de quatre-vingt-quinze pour cent des cas, reste encore expérimental et il faudra sans doute attendre quelques années avant que l'on puisse se prononcer sur son efficacité réelle.

De fait, même si la plus grande prudence s'impose à toutes les personnes sensibles de l'estomac, il semblerait que le vinaigre soit beaucoup moins agressif pour la muqueuse gastrique qu'on ne le pense généralement.

L'un des plus anciens contraceptifs recensés : Le vinaigre est tout d'abord réputé calmer les appétits sexuels. Selon Platine, il « amoindrit le sperme et ôte le désir d'habiter avec femme et ceci fait pareillement toute chose acéteuse à cause de l'infrigidation ». En clair, le vinaigre comme les condiments vinaigrés étaient censés produire un effet calmant sur le plan sexuel. Pour cette raison, on le recommandait aux moines et aux prêtres, alors qu'on le déconseillait aux femmes souhaitant concevoir.

On retrouve également le vinaigre dans nombre de recettes contraceptives ou abortives. Dès l'aube de notre ère, Dioscoride propose ainsi un breuvage abortif mêlant eau, vinaigre et grains de serpentaire. Un peu plus tard, son compatriote Soranos administre à ses patientes une potion contraceptive et abortive à base d'oxymel, de graines de roquette et de berce. Enfin, au VIe siècle, Aetius, plus original, propose des recettes à usage masculin, parmi lesquelles l'onction du membre viril avec un mélange d'alun, de grenade et de noix de galle « triturés » avec du vinaigre et de l'eau salée !

Plus près de nous, le vinaigre est resté jusqu'à une date récente l'un des rares moyens contraceptifs connus. Il s'utilisait en « pessaires », des éponges contraceptives que l'on imbibait de vinaigre, ou en injections vaginales. On l'employait, suivant les cas, pur ou dilué à l'eau tiède. Ces deux méthodes aussi peu fiables qu'agressives pour les muqueuses génitales ont survécu, pour la première, jusqu'au début du

XXe siècle et, pour la seconde, jusqu'aux années quarante.

Aphrodisiaque ? Si la médecine antique considère en général le vinaigre comme un bon sédatif des appétits sexuels (seul Dioscoride, pour qui le vinaigre à la menthe « excite la luxure », s'inscrit en faux contre cette opinion quasi unanime), il se trouve quelques textes pour lui prêter des vertus aphrodisiaques. La médecine chinoise évoque ainsi en ce sens le vinaigre au clou de girofle. On cite aussi les jeunes feuilles de panicaut confites dans le vinaigre, mais dans ces deux cas, le vinaigre fait plutôt figure d'excipient, le clou de girofle et le panicaut étant en eux-mêmes réputés aphrodisiaques. Tout au plus remarquera-t-on que le vinaigre n'en contrecarre pas les effets excitants.

Les récits relatifs aux amours du roi Salomon et de la reine de Saba évoquent quant à eux un remède que le monarque aurait utilisé avec succès, alors qu'il souffrait d'impuissance, et qui mêlait à du vinaigre une mystérieuse « huile de tirba ». Quel était en l'espèce l'aphrodisiaque : le vinaigre ou cette huile inconnue ?

En réalité, le véritable pouvoir aphrodisiaque du vinaigre semble s'être situé sur un autre plan : il était en effet couramment utilisé par les courtisanes, à cause de sa faculté de resserrer les tissus, ce qui leur permettait de donner plus de plaisir à leurs amants.

Par analogie, on s'en servit aussi pour recréer l'illusion d'une virginité malencontreusement perdue, afin de tromper un jeune mari naïf, ce qui donna naissance à des préparations connues sous le nom poétique de « vinaigres de pucelle ».

Le vinaigre a véhiculé à sa suite une multitude d'autres croyances parfois compréhensibles, comme celle qui l'a longtemps paré de pouvoirs antiscorbutiques car, comme il pouvait sans dommage remplacer le citron en cuisine, et vice versa, on pensait qu'il en allait de même de leurs vertus extraculinaires. Il en est d'autres plus farfelues. Sachez ainsi que le vinaigre parfumé à la rue est réputé chasser les sorcières et le vinaigre à l'ail, bien entendu, les vampires ! Enfin, les sorciers vaudous conseillent, pour se prémunir contre les manigances de ses ennemis et autres « mauvais voisins », de les asperger discrètement de vinaigre parfumé à l'asafœtida.

Vertus de la « mère » de vinaigre

Pline l'Ancien la disait efficace « tous azimuts » : aussi bien contre les abcès cutanés que pour stopper les règles (il recommandait dans ce cas de l'utiliser en « pessaire »), ou pour soulager les montées de lait (il fallait alors en faire des cataplasmes avec de la farine d'orge).

Pour profiter des bienfaits de cette « mère », il faut utiliser les particules de voile mycodermique tombées dans le vinaigre et transformées en filaments légèrement gluants. Leur aspect n'est guère appétissant, mais n'oubliez pas qu'il s'agit en quelque sorte de la partie « vivante » du vinaigre, ce qui explique sans doute que l'on en fasse un si grand cas. Pour confectionner un peu de mère, prélevez un fragment du voile mycodermique qui recouvre la surface de votre vinaigrier et laissez-le tremper dans du vinaigre. Vous pouvez aussi utiliser la « lie » qui se dépose au fond des bouteilles de vinaigre de bonne qualité.

Prise par voie interne, la « mère » de vinaigre est un efficace anti-infectieux, qui agit, outre sur l'infection elle-même, sur les maux de tête, manifestations cutanées éruptives et douleurs articulaires qui peuvent l'accompagner.

Vous pouvez la consommer telle quelle ou mêlée à du miel. Attention ! Pour profiter au maximum de ses multiples bienfaits, il faut impérativement la mâcher lentement. Si cette perspective vous répugne quelque peu, pensez aux bénéfices de l'opération !

Usages vétérinaires du vinaigre

Les paysans auvergnats utilisaient naguère un « préservatif » (c'est-à-dire un traitement préventif) à base de vinaigre, contre les maladies épizootiques. Ils ajoutaient tous les deux jours pendant dix jours à l'eau de boisson de leur bétail une pinte (environ 1/2 litre) de vinaigre dans laquelle était dissoute une once (environ 30 grammes) de nitrate de potasse. Pour renforcer l'efficacité du traitement, les bêtes devaient rester jour et nuit au grand air, et être munies d'un séton mobile au fanon. Cette thérapie préventive garantissait un cheptel d'une robustesse à toute épreuve, chose fort importante dans une région réputée pour la rudesse de son climat.

Mais attention, il s'agit ici de « bétail » : n'allez pas administrer du vinaigre à certains de vos animaux de compagnie, qui pourraient mal le supporter. Demandez conseil à votre vétérinaire habituel.

Le vinaigre constitue aussi un traitement externe très efficace des affections parasitaires : contre la brucellose, on utilise un mélange de vinaigre de cidre et d'iode et contre la gale, du vinaigre au lupin, avec lequel on badigeonne les lésions. On peut également essayer l'antique recette recommandée par Pline, qui consiste en l'application de vinaigre miellé dans lequel on a broyé de la morelle douce-amère. Pour chasser les parasites cutanés, on pratique des frictions à l'eau vinaigrée. Voilà un moyen aussi écologique qu'économique, et efficace, pour prémunir votre chien contre les puces !

Et pour soulager les piqûres d'insectes survenues avant le début du traitement, on les badigeonnera avec une pâte faite d'ail ou d'oignon cru pilé dans du vinaigre, ou avec du vinaigre dans lequel on aura fait macérer du romarin, de l'absinthe et de l'aurone.

Tous ces remèdes assureront en outre à vos compagnons un poil superbement lustré.

Dangers et précautions d'emploi

Si vous suivez un traitement médical ou souffrez d'une quelconque maladie, n'entamez en aucun cas une cure de vinaigre sans consulter votre médecin.

Fragilité gastrique et vinaigre : une contre-indication absolue : Un extrait des *Aphorismes de l'École de Salerne* (il s'agit ici de l'école de médecine de cette ville, qui connut une immense renommée aux XIe et XIIe siècles) évoque le vinaigre en termes peu tendres :

Du vinaigre le trop d'usage
Refroidit, dessèche, amaigrit,
Il fait qu'un pauvre époux, dont le suc dépérit,
Néglige la paix du ménage,
Le vinaigre corrompt, change un tempérament,
Le rend atrabilaire, et produit un ravage
Qui des nerfs desséchés trouble le mouvement.

Sans aller jusqu'à une description aussi apocalyptique, il est bon de rappeler la principale et, en fait, la seule réelle contre-indication du vinaigre : la fragilité gastrique.

Pline l'Ancien évoque déjà, au début de notre ère, les dangers du vinaigre pour les estomacs fragiles et Galien, un siècle plus tard, renchérit en accusant le vinaigre d'« écorcher les intestins ».

Si Platine tempère cette opinion en précisant, à propos de l'estomac que « s'il [le vinaigre] le trouve sain, il le laissera de même », Louis Lemery, deux siècles exactement plus tard, se montre beaucoup plus catégorique. Il écrit en effet dans son *Traité des aliments*, en date de 1705 : « Les assaisonnements tirés des acides... nuisent même aux personnes les plus saines par leur acrimonie dominante, blessent les petits vaisseaux... et appesantissent le corps... en l'excitant à se charger d'une quantité d'aliments qui excède son besoin. »

Pourtant, à une époque où la peste constituait un fléau et le vinaigre, la base de l'unique prophylaxie dotée d'un semblant d'efficacité, on conseillait aux personnes dotées d'un estomac fragile de choisir entre deux maux le moindre, ou de chercher un moyen de le mieux supporter. Certains proposaient d'additionner le vinaigre d'un peu de sucre ou de sel (était-ce là vraiment un procédé adoucissant ?), voire d'un peu de vin. Dans son *Histoire des plantes usuelles*, publiée en 1738, Chomel recommande quant à lui le vinaigre surard (vinaigre dans lequel on a fait macérer des fleurs de sureau), selon lui « moins contraire à l'estomac et plus sain que le commun ». On prête la même relative innocuité au vinaigre de petit-lait, spécialité helvético-germanique particulièrement peu acide (mais cela reste tout de même un vinaigre).

On constate donc en ce temps-là une préoccupation constante : faire en sorte de rendre le vinaigre plus aisément supportable par l'estomac afin de pouvoir bénéficier de ses vertus.

Il faut dire que ces temps ne connaissaient guère la modération et que l'on n'hésitait pas à consommer le vinaigre pur et à haute dose, voire à jeun...

Rares sont aujourd'hui les contre-indications à l'absorption de vinaigre. Il n'en existe en fait qu'une seule : le vinaigre est formellement déconseillé aux personnes souffrant d'une gastrite ou d'un ulcère gastro-duodénal. Même si tous les médecins ne l'interdisent pas à leurs patients, il faut impérativement l'utiliser avec précaution car son acidité risque de produire des effets désastreux sur une muqueuse gastrique fragilisée.

Une étude comparative réalisée sur les effets respectifs du piment et du Tabasco sur la muqueuse gastrique a démontré que, contrairement à ce que l'on aurait pu penser, cette sauce était irritante pour l'estomac à cause de sa teneur en acide acétique, et non à cause du piment qu'elle contient. À la grande surprise des chercheurs, la capsaïcine (principe actif du piment) s'est en effet révélée inoffensive lorsqu'elle était appliquée seule sur la paroi gastrique. On nuancera cependant les résultats de cette étude en rappelant que le Tabasco est confectionné avec un vinaigre distillé dont la concentration en acide acétique est environ deux fois supérieure à celle d'un vinaigre normal.

Le vinaigre favorise en outre les mouvements digestifs ; il est donc contre-indiqué dès lors qu'il est déconseillé d'accélérer les contractions digestives.

De la modération en toutes choses : Il est bien évident que nul médecin moderne ne recommandera jamais de consommer du vinaigre pur « à la bouteille », mais uniquement des boissons vinaigrées très faiblement dosées.

On préférera d'autre part le vinaigre de cidre ou les vinaigres de fruits autres que le raisin, plus faiblement dosés en acide acétique (de 4 à 6° en moyenne) que les vinaigres de vin ou d'alcool.

Rappelons toutefois qu'il est absolument inutile, et potentiellement néfaste, de dépasser les doses très réduites recommandées dans le cadre des traitements cités au cours de ce chapitre.

Les personnes auxquelles l'absorption de vinaigre occasionne des maux d'estomac ne doivent en aucun cas ignorer l'avertissement émis par leur corps, ni penser que leur estomac va s'accoutumer au vinaigre. Cependant, avant de renoncer à un aliment aussi bénéfique, elles peuvent essayer de changer de marque de vinaigre, sachant que les vinaigres biologiques confectionnés avec des fruits entiers sont souvent moins agressifs que les autres vinaigres, de réduire de moitié la dose habituelle (qui est de 2 cuillerées à café de vinaigre à chaque repas), de boire leur eau vinaigrée au milieu du repas, ou de l'additionner de miel.

Si les douleurs persistent, abandonnez le vinaigre et consultez votre médecin.

Un dernier détail : une consommation excessive de vinaigre peut attaquer l'émail des dents. Encore une fois, n'en abusez pas.

Précautions d'emploi d'ordre pratique : Il ne faut jamais utiliser avec du vinaigre des récipients en cuivre ou en métal non inoxydable ou comportant des soudures à base de plomb. Le vinaigre se chargerait en effet de particules métalliques toxiques dissoutes par son action corrosive.

Méfiez-vous aussi des plats anciens, car les peintures pour céramiques ont longtemps contenu du plomb.

CHAPITRE III

Vinaigre et beauté

Le vinaigre n'est pas seulement bénéfique pour la santé, il l'est aussi pour la beauté. Les femmes l'utilisent d'ailleurs depuis des millénaires pour soigner leurs cheveux. Certes, lorsqu'on évoque les soins de beauté au vinaigre, chacun songe aussitôt aux rinçages vinaigrés dont nos grand-mères assuraient qu'ils faisaient briller la chevelure... et aux relents vinaigrés qui ont accompagné nos essais adolescents en la matière : nous ignorions alors qu'il ne fallait pas utiliser à cette fin le vinaigre destiné aux vinaigrettes familiales, mais un vinaigre parfumé. De plus, cette odeur de vinaigre nous valait force coups d'œil soupçonneux car on utilisait aussi ce produit pour chasser les poux...

Mais réduire le vinaigre à ses seules vertus capillaires serait dommage. Si certaines de ses utilisations traditionnelles sont aujourd'hui tombées en désuétude, il reste encore le compagnon irremplaçable de la salle de bains.

Les vinaigres de toilette

L'odeur du vinaigre, si appétissante dans une assiette, l'est beaucoup moins sur la peau d'une femme ou dans sa chevelure, force est de le reconnaître.

Pour pallier cet inconvénient, on utilise de préférence, pour les soins de beauté, des vinaigres spécifiquement conçus à cet effet, que l'on appelle, en toute logique, « vinaigres de toilette ». Ce sont des vinaigres parfumés aux plantes ou aux essences de fleurs, connus sous les vocables de « vinaigres de senteur » ou « vinaigres de beauté ».

Outre une odeur beaucoup plus agréable, ces vinaigres possèdent, en sus de leurs vertus propres, celles des plantes qui les aromatisent, ce qui ne manque pas d'intérêt pratique.

Comment faire d'un vinaigre ordinaire un vinaigre de toilette ? Jusqu'au XVIIIe siècle, on n'hésitait pas à mêler au vinaigre les essences les plus coûteuses afin de les parfumer. Il s'agit là d'une hérésie, car le vinaigre dénature, au moins partiellement, les parfums. Inutile, donc, de sacrifier quelques gouttes de votre précieux « N° 5 », ni même, comme cela se pratiquait couramment autrefois, votre eau de Cologne favorite, pour confectionner un vinaigre de senteur assorti. Mieux vaut utiliser des fleurs dont le bouquet se mariera avec votre parfum favori.

On peut procéder de trois manières. La technique la plus sophistiquée consiste à distiller le vinaigre dans un alambic avec des plantes aromatiques telles que la lavande, la sauge, le romarin ou le thym. Elle a pour avantage d'extraire jusqu'à la dernière goutte de principe actif des plantes traitées, mais pèche par sa complexité et, surtout, nécessite un matériel conséquent et onéreux. Or on peut très facilement confectionner des vinaigres parfumés avec un matériel beaucoup plus succinct, réduit à une simple bouteille, ou à un vulgaire bocal muni d'un bouchon hermétique. Les plus réfractaires aux manipulations pourront se contenter d'additionner un vinaigre neutre (vinaigre d'alcool non coloré) d'huiles essentielles de plantes telles que la rose, la cannelle, l'orange, le clou de girofle, ou la fleur d'oranger. Ces huiles essentielles, produit de la distillation à l'eau des plantes, s'achètent dans toutes les bonnes herboristeries et dans nombre de pharmacies. Veillez toutefois à choisir des huiles de qualité. Commencez par les diluer dans de l'alcool neutre à 96°, puis mélangez-les à votre vinaigre, à raison de 10 à 25 gouttes d'huile essentielle par litre de vinaigre, suivant la concentration recherchée.

On peut aussi, tout simplement, faire macérer les plantes de son choix (pétales de fleurs, racines, zestes de fruits, etc.) dans le vinaigre. Penchons-nous de plus près sur cette dernière solution, de loin la plus satisfaisante pour l'amateur de vinaigre et de recettes naturelles.

Fabriquez votre vinaigre de beauté : Pour fabriquer du vinaigre de toilette, il vous faudra un bocal de verre ou de terre fermant hermétiquement, un torchon, du vinaigre d'alcool, de cidre ou, à la rigueur, de vin et les plantes de votre choix, destinées à le parfumer. Veillez, bien sûr, à les choisir fraîches ou tout du moins séchées depuis peu.

La méthode de préparation est toute simple : on fait légèrement sécher les plantes, si elles sont fraîches, pendant douze à vingt-quatre heures (on appelle cela les « amortir »), puis on les met à macérer dans un bocal plein de vinaigre, que l'on place dans un endroit exposé au soleil ou à toute autre source de chaleur, comme un radiateur, par exemple.

La macération achevée, on filtre le vinaigre à travers un linge, que l'on presse pour exprimer le maximum de jus, puis on met le vinaigre parfumé en bouteille ou en flacon.

Si vous avez préparé un vinaigre aux fleurs, vous pouvez faire sécher celles-ci et les placer dans des sachets cousus, odorants, que vous utiliserez pour embaumer vos placards.

Quelques exemples de vinaigres de senteur

Vinaigre rosat

C'est le plus apprécié. On le fabrique de préférence avec des roses de Provins, considérées comme les plus délicatement parfumées, ou des roses musquées.

En voici une recette qui date du XVIe siècle :

« Prenez boutons de roses vermeilles et en coupez le blanc, et le laissez faner deux ou trois jours, et puis en prenez selon la quantité que vous en voudrez faire de vinaigre, et les mettez en pot de verre ou autre, et le emplissez de bon vinaigre et les mettez à la force du soleil deux ou trois mois, tant que votre vin aigre sente bien la rose et que les roses soient devenues comme eau, puis après mettez tout en baril de bois de cormier [autre nom du sorbier] et par ainsi vous aurez bon vinaigre. »

On regrettera de ne trouver là, comme dans beaucoup de recettes anciennes, aucune indication quant aux quantités à utiliser. Sachez que l'on compte en général 100 grammes de pétales de rose par litre de vinaigre et trois semaines de macération seulement.

— Vinaigre rosat parfumé au clou de girofle —

- *50 g de pétales de rose*
- *1 cuillerée à soupe de clous de girofle*
- *1/2 litre de vinaigre de vin blanc*

Piler les clous de girofle jusqu'à obtenir une poudre grossière. Disposer les pétales de rose dans une cuvette ou dans un plat creux et les saupoudrer de girofle. Laisser sécher. Une fois les roses fanées, transférer le contenu de la cuvette dans un bocal et le recouvrir de vinaigre. Laisser macérer au chaud pendant trois semaines.

— Vinaigre de toilette à la violette —

- *25 g de pétales de violette*
- *1/4 de litre de vinaigre d'alcool*

Laisser les violettes sécher pendant une nuit, puis les mettre dans un bocal avec du vinaigre et les laisser macérer pendant 3 semaines.

— Vinaigre de toilette au jasmin —

- *25 g de fleurs de jasmin blanc (ce qui correspond en gros à deux petits bouquets comme ceux que vendent les marchands ambulants)*
- *1/4 de litre de vinaigre d'alcool*

Mettre le jasmin à sécher pendant une douzaine d'heures, puis le transférer dans un bocal et le recouvrir de vinaigre. Laisser macérer pendant 15 jours.

— Vinaigre de toilette à la fleur d'oranger —

- *50 g de fleurs d'oranger séchées*
- *5 clous de girofle (facultatif)*
- *1/2 litre de vinaigre d'alcool*

Mettre les fleurs d'oranger et, si vous le souhaitez, les clous de girofle entiers dans le vinaigre pendant 2 semaines. Pour obtenir une préparation plus odorante, vous pourrez rajouter une cuillerée à soupe d'eau de fleurs d'oranger.

Le vinaigre-parfum

Cet en-tête paraîtra sans doute incongru aux narines modernes ; pourtant, on n'hésitait pas, autrefois, à utiliser les vinaigres parfumés comme de véritables « senteurs », ni à faire du vinaigre l'excipient d'un onguent ou d'une lotion à fonction olfactive.

Il suffit pour s'en convaincre de considérer quelques recettes du XVIIIe siècle. On appréciait grandement, à cette époque, une surprenante « crème de vinaigre », onguent cosmétique fait de vinaigre parfumé avec de l'essence de bergamote, du citron, du néroli, de la rose, de la noix de muscade, de la vanille et du clou de girofle, et de baume storax (baume tiré de la résine du styrax officinal), mélangé à du baume de benjoin, et à un soupçon d'alcool. Pour utiliser cette « crème », on en dissolvait une cuillerée à soupe dans un verre d'eau. On obtenait alors une délicate eau de senteur vinaigrée que ses *aficionados* disaient préférer à l'eau de Cologne !

Une autre célèbre recette, qui répondait au nom poétique de « vinaigre virginal », se composait de vinaigre blanc, d'alcool et de benjoin.

On trouve encore, dans l'édition de 1907 du *Catalogue de la Manufacture d'armes et cycles de Saint-Étienne*, un vinaigre « parfumé » (sans plus de précisions), vendu par flacons de 1/3 de litre.

Ces vinaigres-parfums n'étaient bien entendu pas réservés à la gent féminine, en un temps où l'usage de parfums capiteux palliait une hygiène corporelle déficiente. Cette indication a aujourd'hui disparu et l'on n'utilise plus guère le vinaigre à fin de bonne odeur qu'en guise d'après-rasage. Le même *Catalogue de la Manufacture d'armes et cycles de Saint-Étienne* proposait d'ailleurs aussi un vinaigre « Diana » parfumé, « délicieux pour adoucir la peau et faire disparaître le feu du rasoir ». Garanti à 65° d'alcool, il était vendu au prix de 1,75 franc le flacon de 15 centilitres.

De fait, un vinaigre parfumé calme, tout aussi efficacement qu'une lotion après-rasage mais bien plus originalement, le feu du rasoir.

Vinaigre et maquillage

Le vinaigre fut très tôt utilisé comme excipient des fards. Ainsi, la tristement célèbre poudre au blanc de céruse, incarnation de l'adage « il faut souffrir pour être belle » (en l'occurrence, on allait parfois jusqu'à en mourir, car elle était faite de carbonate de plomb, extrêmement toxique...), était souvent diluée dans du vinaigre pour confectionner un enduit liquide ressemblant aux fonds de teint modernes.

On utilisait aussi des vinaigres de fard, fabriqués en mélangeant à du vinaigre de lavande du carmin de cochenille et de la laque en poudre.

Cet usage du vinaigre a totalement disparu avec l'avènement de la cosmétique moderne et on ne le regrettera guère.

Il en va tout autrement des soins du visage et du corps, pour lesquels il est employé depuis la plus haute Antiquité et rend encore aujourd'hui maints services.

Soins des cheveux

C'est là le domaine d'élection du vinaigre et celui auquel on songe en premier.

Beauté des cheveux : Boire chaque matin un bienfaisant verre d'eau tiède additionnée de vinaigre de cidre et de miel contribue, on l'a vu, à assurer santé et vigueur. Ce traitement favorise aussi la beauté de la chevelure : après deux à trois mois de ce régime, les cheveux épaississent et leur chute se ralentit. On dit même qu'il retarde le blanchiment des cheveux.

Le vinaigre est tout aussi efficace en usage externe

car l'utiliser en frictions avant de se laver les cheveux revivifie merveilleusement le cuir chevelu.

Pour les cheveux « à problèmes » : Là également, le vinaigre fait merveille.

Contre les pellicules

On recommande de rincer les cheveux à l'eau vinaigrée, traitement qui, en désinfectant le cuir chevelu, élimine les micro-organismes responsables de la formation d'inesthétiques pellicules. Ce traitement peu contraignant calme en outre efficacement les démangeaisons.

On peut aussi procéder à des frictions. Dans l'idéal, on choisira un vinaigre dans lequel on aura fait macérer une plante aux propriétés antipelliculaires, comme l'ortie, l'origan ou le nénuphar blanc (on en utilisera uniquement le rhizome), ce qui permet d'optimiser le traitement.

Pour régulariser les excès de sébum générateurs de « cheveux gras »

Appliquez sur vos cheveux, avant de les laver, un masque à l'argile et au vinaigre confectionné selon la recette suivante : mélangez de l'argile verte purifiée avec de l'eau vinaigrée à 50 %, de manière à obtenir une pâte épaisse. Laissez-le poser pendant une dizaine de minutes, puis rincez. Ce masque absorbe l'excès de sébum et apaise le cuir chevelu.

Lavez ensuite vos cheveux avec un shampooing très doux ou, mieux, avec du *rhassoul*, une terre glaise marocaine naturellement moussante, et rincez-les à l'eau légèrement vinaigrée.

Pour faire briller les cheveux : Ajouter du vinaigre à la dernière eau de rinçage de ses cheveux permet d'éliminer toute trace de calcaire et assure de ce fait souplesse et brillance. Cette recette traditionnelle ne s'est jamais vraiment laissé détrôner par les produits capillaires modernes. La meilleure preuve en est le « vinaigre de brillance », à base de vinaigre de cidre et de romarin, qu'un célèbre coiffeur parisien vient d'ajouter à la ligne de produits capillaires qui porte son nom.

Le vinaigre possède de surcroît des propriétés antistatiques, c'est-à-dire qu'il évite les « cheveux électriques ».

Pour faire d'une pierre deux coups, vous choisirez un vinaigre aux fleurs de matricaire, aussi appelée camomille allemande, si vous êtes blonde, ou aux feuilles de noyer si vous êtes brune, qui accentuera les reflets naturels de vos cheveux. Les blondes verront l'efficacité du traitement augmenter si elles laissent leurs cheveux sécher au soleil.

Pour confectionner du vinaigre à la camomille, faites macérer pendant trois semaines deux poignées de fleurs de camomille allemande dans un litre de vinaigre de cidre.

Rappelons pour mémoire, et pour les audacieuses, un masque capillaire d'huile de lentisque et de lie de vinaigre calcinée, évoqué par Pline l'Ancien (qui en attribue la paternité à Dioscoride), et qui est supposé rendre en une nuit les cheveux blonds...

Les brunes qui souhaitent le rester adopteront quant à elles un vinaigre à la sauge, produit de la macération de deux poignées de feuilles de sauge dans un litre de vinaigre rouge. Il est recommandé d'ajouter à cette mixture une huile essentielle parfumée car la sauge ne suffit pas à masquer totalement l'odeur *sui generis* du vinaigre. On peut remplacer les feuilles de sauge par des feuilles de noyer ou de romarin.

Un traitement éprouvé contre les poux : Pour beaucoup de personnes, l'odeur du vinaigre restera à jamais indissociablement liée aux poux attrapés dans leur enfance. Il existe cependant aujourd'hui des produits plus faciles à utiliser et plus puissants.

Pour discipliner une permanente trop frisée : En assouplissant les cheveux, les rinçages à l'eau vinaigrée peuvent aider à pallier les inconvénients d'une permanente trop frisée.

Pour la même raison, les femmes qui ont les cheveux bien permanentés doivent utiliser les rinçages vinaigrés avec précaution, sous peine de voir leurs boucles se défaire. On leur conseillera de n'utiliser qu'une solution extrêmement diluée, ou, mieux encore, de recourir à un masque capillaire vinaigré avant de laver leurs cheveux.

Soins du visage

Les vertus astringentes du vinaigre et son pH très similaire à celui de la peau en font un véritable produit de beauté. N'oublions pas son action antioxydante, qui lui permet de contrecarrer les méfaits des radicaux libres sur le vieillissement cutané.

On a même attribué au vinaigre, sans doute à cause de cette dernière propriété, le pouvoir de protéger contre les rayons du soleil, mais ce n'est là qu'une légende et les « lotions solaires » à base d'huile et de vinaigre ne sont guère plus recommandées que la mixture solaire traditionnelle des Méditerranéennes, qui mêle huile d'olive et citron. Voilà des recettes qui font de savoureuses sauces, mais ne contiennent aucun filtre solaire !

Cette parenthèse relative aux limites des vertus du vinaigre refermée, voyons un peu ce que le vinaigre peut pour notre peau.

Contre le calcaire et les traces de savon : Se rincer le visage à l'eau légèrement vinaigrée délivre des tiraillements et autres démangeaisons dues au calcaire de l'eau du robinet (lequel a pour fâcheuse habitude de laisser sur la peau des résidus alcalins) ou aux traces de savon. L'acidité naturelle du vinaigre neutralise en effet le calcaire et restitue à l'eau un pH plus compatible avec celui de la peau. Pour se rincer le visage à l'eau vinaigrée, il suffit de remplir son lavabo de quelques centimètres d'eau tiède et d'y ajouter une cuillerée à café ou deux du vinaigre parfumé de son choix.

Contre les boutons : Naturellement astringent, le vinaigre est le meilleur ami des peaux grasses et « à problèmes », comme des peaux adolescentes, dont il resserre les pores, tout en prévenant l'apparition des comédons.

En ce qui concerne l'acné juvénile, le vinaigre peut permettre d'en juguler les formes bénignes et constitue un excellent adjuvant des traitements médicamenteux prescrits dans les formes plus sérieuses. On recommande tout particulièrement à cet égard le vinaigre à la lavande, que l'on préparera en faisant macérer pendant huit jours 100 grammes de fleurs fraîches de lavande dans un litre de vinaigre blanc. Mode d'emploi : après la toilette du soir, se rincer le visage à l'eau tiède additionnée de vinaigre à la lavande, à raison de une cuillerée à soupe de vinaigre par demi-lavabo d'eau.

Pour compléter ce traitement quotidien, on pourra utiliser ces masques et lotions tout simples.

Masque astringent au concombre et au vinaigre : coupez un concombre en tranches très fines et mettez-le à dégorger, après l'avoir saupoudré d'une demi-cuillerée à café de sel fin. Après une demi-heure, égouttez les rondelles de concombre, puis pressez-les dans un linge et mettez-les à macérer pendant un quart d'heure dans un peu de vinaigre de cidre. Appliquez le concombre sur votre visage, en évitant, si vous avez la peau mixte, les zones sèches, et laissez-le agir dix à quinze minutes. Rincez à l'eau minérale.

Ne jetez pas le liquide rendu par le concombre en dégorgeant, ni le vinaigre dans lequel il a ensuite macéré : en les mélangeant, vous obtiendrez une *lotion astringente au concombre* (à utiliser rapidement et à conserver au réfrigérateur). Pour les peaux fragiles, on diluera cette lotion avec un peu d'eau minérale ou d'eau de rose.

Une recette identique et dotée des mêmes propriétés peut être réalisée en utilisant du chou en lieu et place du concombre.

On pourra utiliser en alternance un *masque astringent au miel et au vinaigre* préparé de la manière suivante. Faites macérer pendant deux heures au minimum une cuillerée à soupe de menthe poivrée hachée menu dans la même quantité de vinaigre de cidre. Ajoutez deux cuillerées à soupe de miel épais, mélangez bien et appliquez en couche épaisse sur le visage et le cou. Laissez agir pendant dix minutes et rincez à l'eau vinaigrée (pour rester dans la même note, choisissez de préférence un vinaigre parfumé à la menthe).

Pour adoucir les peaux sèches et sensibles : Contrairement à la plupart des produits de beauté, qui s'adressent en priorité, sinon exclusivement, à un type de peau spécifique, le vinaigre est l'ami de toutes car, loin de se contenter d'agir de manière ponctuelle sur un problème précis, il soigne la peau de manière globale en la calmant et en la rendant plus apte à combattre les agressions extérieures. Ainsi, comme il régularise la production de sébum, les peaux grasses s'assèchent à son contact, mais il produit l'effet inverse sur les peaux sèches.

Comme toujours, son efficacité se verra redoublée si on lui adjoint des plantes aux propriétés adoucissantes.

Pour dorloter les peaux très sèches, on conseillera ainsi une *lotion adoucissante au vinaigre et au lupin*, que l'on préparera en mélangeant une décoction de lupin (obtenue en faisant bouillir 30 g de graines de lupin dans un litre d'eau pendant dix minutes) avec deux cuillerées à soupe de vinaigre de cidre.

Les carnations sensibles et sujettes aux rougeurs verront leur résistance s'améliorer si elles utilisent ce *masque calmant au vinaigre et à la farine d'avoine* : confectionnez une pâte épaisse avec trois cuillerées à soupe de farine d'avoine (ou de farine de maïs) et du vinaigre de cidre ordinaire ou parfumé au sureau ou aux fleurs d'acacia (plantes aux vertus adoucissantes), dilué dans de l'eau, à raison de une cuillerée à café de vinaigre pour une cuillerée à soupe d'eau. Étalez ce masque en couche épaisse sur votre visage et conservez-le jusqu'à ce qu'il sèche. Rincez à l'eau tiède et terminez par une application de lotion adoucissante.

À noter que certaines peaux « normales » ou grasses peuvent elles aussi être sensibles. Ce *masque calmant au vinaigre et au yaourt* réconciliera ces peaux réactives à tendance grasse ou mixte avec leur environnement. Mélangez trois ou quatre cuillerées à soupe de yaourt avec une cuillerée à café de vinaigre de cidre et une cuillerée à soupe de farine, de manière à obtenir une pâte. Appliquez-la sur le visage et laissez-la poser pendant dix minutes avant de la rincer à l'eau minérale.

Tenseur et tonifiant : Le vinaigre vaut tous les tenseurs « minute » vendus à prix d'or par les fabricants de cosmétiques. Utilisez-le comme vous le feriez d'un de ces produits : appliquez votre vinaigre de toilette favori pur sur votre peau parfaitement nettoyée et maquillez-vous immédiatement. Les peaux fragiles utiliseront de préférence un vinaigre à la camomille ou au tilleul.

Quant à la réputation de « sérum antirides » que le vinaigre doit à ses propriétés tonifiantes, il faut avouer qu'elle est très surfaite.

Contre les rougeurs et irritations cutanées : Le vinaigre de roses rouges donne à cet égard d'excellents résultats. On peut d'ailleurs aussi l'utiliser pour calmer un coup de soleil léger (peau rougie et sensation de chaleur, mais pas de cloques). On le diluera dans ce cas dans de l'eau tiède, à raison d'un demi-verre de vinaigre par litre d'eau.

Contre les taches cutanées d'origine pigmentaire : Le vinaigre dut longtemps sa vogue auprès des élégantes à la réputation (usurpée) qu'il avait de blanchir la peau. On l'employait aussi, dans l'Antiquité, pour estomper les taches de rousseur, en ce temps-là fort peu appréciées. Si notre époque hédoniste ne prise plus guère, malgré les mises en garde des dermatologues, les peaux laiteuses, et si les taches de rousseur sont aujourd'hui assimilées à un signe extérieur de bonne santé « à la californienne », on combat avec autant de vigueur que voici vingt siècles les autres taches cutanées. Et là, le vinaigre, une fois de plus, nous est fort utile.

Contre les taches dites « de vieillesse », « crasse sénile », « fleurs de cimetière » et autres noms charmants, on conseille des applications de vinaigre à l'oignon, ou encore de se passer sur le visage une rondelle d'oignon cru trempée dans du vinaigre.

Contre les taches de vin, on préférera une lotion composée pour moitié de vinaigre de cidre et pour moitié d'eau bouillie.

Attention ! Ces traitements ne prétendent pas faire disparaître totalement (et encore moins instantanément) les taches pigmentaires, mais juste, à condition qu'on les utilise régulièrement, les atténuer progressivement.

Soins de la bouche

Le vinaigre joua longtemps un rôle essentiel dans l'hygiène buccale et, de ce fait, dans l'hygiène tout entière, puisqu'à en croire les récits de Nicolas Rétif de La Bretonne, en date de 1746, sur la vie quotidienne des pensionnaires de l'école des enfants de chœur de l'hôpital de Bicêtre, les ablutions courantes se limitaient au rinçage de la bouche à l'eau et au vinaigre, après la prière du matin...

C'est sans nul doute à ses vertus antiseptiques que le vinaigre doit cette place de choix, occupée depuis les temps les plus reculés. Les auteurs antiques comme leurs successeurs médiévaux s'entendent en effet pour le recommander pour les soins des dents et des gencives et pour combattre la mauvaise haleine.

Au XVIe siècle, Platine adjoint à ces conseils d'ordre général une inquiétante mixture de vinaigre et d'alun, destinée à lutter contre le déchaussement des dents. Sans doute espérait-on, à l'époque, qu'un mélange aussi astringent resserrerait les gencives autour des dents... On sait aujourd'hui que les choses ne sont pas aussi simples et qu'il vaut mieux consulter sans tarder un dentiste compétent.

Quoi qu'il en soit, on se nettoya donc les dents, jusqu'au début du XXe siècle, à l'aide de « vinaigres dentifrices », qui avaient pour avantage annexe d'assurer un certain détartrage.

À rebours de la mode européenne, les élégantes japonaises d'antan se noircissaient les dents en les badigeonnant avec un mélange de vinaigre et de poudre de fer, que l'on préparait sur un brasero portatif, avant de l'appliquer minutieusement au pinceau sur la dentition. Cet artifice était destiné, comme l'explique Junichiro Tanizaki dans *L'Éloge de l'ombre*, à faire ressortir la blancheur du teint. Il a continué à être utilisé par les femmes âgées jusqu'à la veille de la Seconde Guerre mondiale.

Vinaigre et hygiène dentaire : Ses propriétés antiseptiques font du vinaigre un bon traitement préventif des problèmes buccaux et gingivaux. On l'utilisera aussi utilement en gargarismes, lorsque l'on souffre d'aphtes.

Pour les mêmes raisons, il rafraîchit efficacement la

bouche, en éliminant les bactéries responsables de la mauvaise haleine. Pour en optimiser l'effet, on choisira un vinaigre parfumé à la menthe.

En ce qui concerne le détartrage des dents et la prévention des dépôts tartriques, le vinaigre présente un intérêt indéniable. On a ainsi remarqué que boire à chaque repas un verre d'eau additionnée de vinaigre de cidre empêchait le tartre de se déposer sur les dents et que quelques mois de ce traitement suffisaient à dissoudre les dépôts existants. Il aurait de ce fait une action préventive contre les caries, dont le tartre facilite l'apparition.

Les dentistes considèrent cependant cette méthode d'un œil circonspect, car ils jugent le vinaigre trop acide et agressif pour être employé en « automédication ». Ils recommandent en tout cas d'éviter absolument de le mettre directement en contact avec l'émail dentaire, de ne l'utiliser que de manière occasionnelle et, bien sûr, de toujours le diluer abondamment.

Ces précautions d'usage respectées, toutes les personnes qui, comme moi, rêvent d'échapper à tout jamais aux désagréables détartrages aux ultrasons, pourront avoir recours aux recettes vinaigrées suivantes...

Une fois par semaine, lavez-vous les dents avec un *vinaigre dentifrice* préparé en faisant macérer pendant quinze jours, dans 1 litre de vinaigre d'alcool, 3 bâtonnets de cannelle, une cuillerée à soupe de clous de girofle (épice aux vertus antiseptiques encore largement présente dans les produits dentaires modernes) et une cuillerée à soupe de cranson officinal. Diluez deux cuillerées à café de ce vinaigre dans un verre d'eau tiède et utilisez-le pour vous brosser les dents, puis faites-en un bain de bouche (conservez-le dans votre bouche pendant une minute). Rincez-vous ensuite la bouche à l'eau tiède non vinaigrée.

Pour éliminer les colorations dentaires dues au café, au thé ou au tabac, cette recette traditionnelle de *poudre dentifrice blanchissante* fait merveille. Elle est malheureusement difficile à réaliser : il faut faire calciner lentement des branches de romarin jusqu'à obtenir du charbon, puis les jeter encore embrasées dans du vinaigre rosat. Après vingt-quatre heures de macération, on filtre le vinaigre et on laisse la partie solide du mélange sécher au soleil. La poudre obtenue s'utilisait autrefois avec une simple brosse à dents humide, mais ce traitement un peu brutal risque de rayer l'émail des dents. Mieux vaut la mélanger à votre pâte dentifrice.

Soins du corps

L'hygiène ne se limitant plus aujourd'hui à celle de la bouche, il semble logique de se pencher à présent sur les applications du vinaigre dans le domaine des soins corporels.

Adoucissant et tonifiant : Le vinaigre adoucit et tonifie la peau du corps comme celle du visage et, de même, en prévient les irritations.

On l'utilise en frictions vivifiantes, après la toilette, ou en bains vinaigrés. Il faut alors compter un quart de litre de vinaigre par bain. Pour éviter de dessécher votre peau, veillez par ailleurs à éviter les bains trop chauds (une température de 38-39° suffit amplement).

Antisudorique et déodorant : Le vinaigre a une action régulatrice sur les mécanismes de la sudation, à l'unique condition d'éviter de faire macérer dedans des plantes aux propriétés sudorifiques, telles que le sureau.

Pour l'utiliser en guise de déodorant, il faut se badigeonner les aisselles de vinaigre pur. Préférez, pour le parfumer, des plantes qui réduisent la production sudorale, comme le pin maritime ou le sapin blanc.

Pour confectionner un efficace *vinaigre déodorant*, faites bouillir une poignée d'aiguilles de pin maritime ou de sapin blanc dans 1 litre de vinaigre d'alcool, et ce pendant cinq minutes. Laissez ensuite la préparation macérer pendant dix à quinze jours, avant de l'utiliser. Si vous n'appréciez pas l'odeur du pin, ajoutez quelques gouttes d'une essence parfumée de votre choix.

Vinaigre et amincissement

Le médecin Baptiste de Cavigioles vantait, au XVIe siècle, la capacité du vinaigre à « amaigrir les corps trop gras ». Un siècle plus tard, Mme de Montespan, lorsqu'elle sentit le roi Louis XIV se détourner d'elle, attribua la froideur royale à l'épaississement de sa taille et adopta aussitôt un régime à base de vinaigre (toujours excessive, elle buvait carrément du vinaigre pur), dans l'espoir de retrouver en même temps sa sveltesse et sa place de favorite. Devant l'échec de cette méthode, elle dut se tourner vers la magie noire...

Aujourd'hui encore, certains médecins affirment qu'absorber chaque jour, et à tous les repas, un « apéritif » de vinaigre de cidre dilué dans de l'eau garantit une perte pondérale régulière de l'ordre de 500 grammes par mois, liée à l'amélioration apportée par ce traitement au métabolisme des lipides.

De fait, le régime au vinaigre, qui a le mérite d'être simple et économique, compte encore nombre d'adeptes, lesquels affirment, avec plus de ferveur que de logique, qu'il aide à éliminer les calories et calme l'appétit.

On citera également, au chapitre des vœux pieux, un cataplasme anticellulitique au vinaigre et à la verveine officinale (on fait cuire 50 grammes de verveine officinale fraîche dans du vinaigre, puis on l'étale entre deux linges, afin de confectionner une compresse, que l'on applique sur la peau trois fois par semaine) qui, s'il ne peut nuire, ne doit pas non plus susciter de trop grands espoirs !

Fondements scientifiques de ce « régime au vinaigre » ? L'idée d'utiliser le vinaigre pour mincir repose sur sa légère action diurétique et son influence positive sur le métabolisme.

Le traitement habituel consiste en l'absorption d'une dose de vinaigre avant chaque repas, « pour couper l'appétit », ce qui relève du non-sens diététique car le vinaigre possède des vertus apéritives reconnues (mais logique et régime ne font pas toujours bon ménage).

Psychologiquement, le caractère acide du vinaigre s'oppose aux graisses responsables des surcharges pondérales. Puisqu'un aliment vinaigré supprime la sensation de « gras » dans la bouche, on imagine volontiers que le même processus pourrait se reproduire dans le tube digestif et, pourquoi pas, que le vinaigre attaque les graisses. Il suffit cependant de considérer une sauce vinaigrette pour se convaincre du contraire : si le vinaigre refuse effectivement de se mêler à l'huile, il ne la détruit nullement !

Attention, danger ! Les régimes amincissants à base de vinaigre ne sont pas seulement fantaisistes, ils peuvent parfois aussi se révéler dangereux pour la santé, notamment pour l'estomac. L'absorption excessive de vinaigre ou l'absorption de vinaigre insuffisamment dilué peuvent en effet déclencher chez les personnes prédisposées ou fragilisées des inflammations de la muqueuse gastrique, appelées gastrites, ou même des ulcères.

Dans sa *Méditation XXII*, intitulée « Traitement préservatif de l'obésité » (publiée en 1825, dans la *Physiologie du goût*), Brillat-Savarin met en garde contre « l'usage habituel des acides que des ignorants conseillent parfois, et dont l'expérience a toujours démontré les mauvais effets ». Pour expliciter cette affirmation, il relate l'histoire édifiante d'une jeune amie morte pour avoir tenté de se faire maigrir en buvant du vinaigre. Étudiant à Dijon dans les dernières années de l'Ancien Régime, il vit cette jeune fille qui, dit-il, avait « dans une juste proportion, cet embonpoint qui fait le charme des yeux », se mettre à maigrir, puis à dépérir. Questionnée, elle finit par avouer qu'elle s'abreuvait de vinaigre dans l'espoir de mincir. L'auteur, affolé, prévint la mère de son amie. Las, il était trop tard et la science ne put rien pour elle. « Les sources de [sa] vie irrémédiablement attaquées », la malheureuse Louise mourut d'avoir suivi un régime fantaisiste.

Sans nous montrer aussi pessimistes, soyons clairs : si absorber au quotidien une faible dose de vinaigre de cidre diluée dans de l'eau (et uniquement dans le cas où l'on supporte bien ce traitement) ne vous fera sans doute pas mincir, cela n'est normalement pas dangereux (pourvu que vous respectiez les précautions d'emploi énoncées dans le chapitre précédent).

Au contraire, vous en retirerez une foule d'autres bienfaits et une telle amélioration de votre état général que celle-ci vous aidera peut-être indirectement à perdre vos kilos excédentaires. En revanche, boire du vinaigre pur à jeun, comme le conseillaient encore voici une quarantaine d'années les adeptes de l'amincissement à tout crin, est à la fois inutile et extrêmement nocif pour la paroi gastrique.

Sachez accessoirement qu'absorbé en excès, le vinaigre peut susciter des odeurs corporelles vinaigrées peu ragoûtantes. Susan Powter, grande prêtresse américaine de l'amincissement qui, avant de découvrir le secret de la minceur, tenta tous les régimes « miracles », en fit l'expérience : lors d'une phase au cours de laquelle elle se « nourrissait » littéralement de vinaigre de cidre, elle se vit un jour reprocher par son jeune frère d'exsuder des relents de « chaussette sale ».

Soins des mains

La prise quotidienne de vinaigre par voie interne se traduit, entre autres bienfaits, par un accroissement de la solidité des ongles, sensible après deux ou trois mois de traitement.

Quelques « trucs »

Base pour le vernis à ongles

On peut utiliser le vinaigre en base pour le vernis à ongles. La finalité des « bases » étant de permettre au vernis de mieux adhérer à l'ongle, un nettoyage au vinaigre blanc est tout aussi efficace que les plus ruineux des produits spécialisés.

Nettoyage des mains sales

Si vous avez les mains très sales, vous les nettoierez efficacement en les frottant avec une pâte composée de farine et de vinaigre, beaucoup moins agressive pour la peau et les ongles que les poudres à récurer vendues dans le commerce.

Soins des pieds

On tire profit des vertus désinfectantes du vinaigre, mais aussi de son pouvoir corrosif.

Pour rafraîchir et soulager les pieds échauffés : Plongez vos pieds dans un bain d'eau tiède additionnée de vinaigre de cidre. Pour améliorer la circulation sanguine et le retour veineux, effectuez de petites rotations avec vos chevilles.

On peut aussi utiliser des compresses imbibées d'une décoction vinaigrée de rhizome frais de fougère mâle, que l'on préparera en coupant le rhizome en morceaux, puis en le faisant bouillir pendant une quinzaine de minutes dans un litre de vinaigre d'alcool.

Pour réguler la transpiration des pieds : Le vinaigre régularise la production sudorale des pieds comme celle du corps tout entier. Pour traiter ce problème précis, on a recours à des bains de pieds vinaigrés et salés (ajouter un verre de vinaigre parfumé et une petite poignée de gros sel à une cuvette d'eau tiède ou chaude). L'efficacité du traitement sera accrue si l'on choisit un vinaigre au pin maritime ou au sapin blanc, aux propriétés antisudorales.

Contre le pied d'athlète : Il s'agit d'une mycose qui frappe en priorité les porteurs de chaussures de sport (qui tendent à conserver les pieds humides), d'où son nom. Pour éviter que vos chaussettes de sport ne se transforment en véritable bouillon de culture, désinfectez-les toujours à l'eau vinaigrée avant de les laver.

L'action corrosive du vinaigre le rend également fort utile pour combattre les problèmes d'épaississement cutané qui attaquent souvent les pieds.

Contre les cors et autres durillons : L'application locale de compresses au vinaigre les fera disparaître comme par enchantement. Et contrairement aux emplâtres vendus dans le commerce, ce traitement n'attaque que le cor, et pas la peau alentour.

On recommande également pour ces problèmes des emplâtres de feuilles de joubarbe et de feuilles de lierre grimpant macérées dans du vinaigre. Utilisez des feuilles entières et laissez-les macérer pendant quatre jours, puis coupez-les en morceaux pour les appliquer sur le cor. Recouvrez d'un pansement, que vous conserverez pendant trois jours. Répétez l'opération jusqu'à la disparition du cor.

Contre les verrues plantaires : Faites macérer pendant dix jours dans du vinaigre des pétales de lis blanc (lis officinal), puis confectionnez un emplâtre et appliquez-le sur vos verrues jusqu'à leur complète disparition.

Ce traitement peut prendre plusieurs semaines, mais, à la différence de certaines méthodes plus rapides et agressives, il assure une guérison totale et sans récidives.

CHAPITRE IV

Les multiples usages domestiques du vinaigre

Le vinaigre est, on l'a vu, source d'innombrables bienfaits, tant sur le plan médical que sur celui de la beauté. Ce parcours sans faute n'est pas achevé, loin s'en faut, car il se pare aussi de mille vertus domestiques.

Usages alimentaires

L'un des plus anciens conservateurs connus : Le problème de la conservation des aliments fut, pour des raisons évidentes, très tôt étudié. Dès les temps les plus reculés, nos ancêtres se sont attachés à mettre au point des méthodes pour préserver les denrées périssables, notamment pendant les longs mois d'hiver.

Très vite, le vinaigre s'imposa comme un conservateur simple d'utilisation et efficace : les légumes ainsi traités demeuraient comestibles pendant une bonne année pourvu que le pot ou le bocal les contenant soit propre et hermétiquement clos.

Jusqu'au début du XIXe siècle, où la découverte par Nicolas Appert de la stérilisation par la chaleur (procédé subséquemment baptisé « appertisation ») modifia les données du problème, les seuls procédés connus furent, outre le séchage et le fumage, l'immersion dans du vinaigre, dans de la saumure, ou dans un mélange de ces deux liquides. L'apparition des conserves modernes, puis, plus récemment, des procédés de conservation par le froid, firent perdre au vinaigre sa prééminence, si bien que, de nos jours, la conservation au vinaigre ne concerne plus guère que certains légumes, fruits et poissons.

Les civilisations antiques s'en servaient en revanche couramment pour conserver viandes, poissons et légumes... et même embaumer les corps ! Hérodote cite ainsi une *cedria* utilisée à cet effet, qui n'était en fait qu'un vinaigre amélioré.

Les Romains entreposaient les légumes dans un mélange composé pour deux tiers de saumure forte et pour un tiers de vinaigre, ou dans un mélange de miel et de vinaigre, de vinaigre et de vin, ou de vinaigre et de sel, ou encore dans un oxymel mêlant vinaigre, miel, eau et sel. On conservait par exemple dans cette dernière solution des panais et des laitues. La plupart des légumes étaient ainsi mis en conserve, du chou aux asperges, en passant par les olives, les lentilles, les câpres et les oignons, de même que certains fruits, telles les pommes, les prunes et les poires.

Le célèbre cuisinier romain Apicius donne quant à lui une foule de recettes de conserves vinaigrées pour les aliments les plus divers. Huîtres, pêches, poissons frits ou courges, tout semblait pouvoir se conserver dans une marinade à base de vinaigre.

Cette prééminence du vinaigre ne devait pas se démentir pendant près de vingt siècles. Il suffit pour s'en convaincre de feuilleter les livres de cuisine, qui font leur apparition à partir du XIVe siècle. La plupart d'entre eux accordent une large place aux recettes de conserves au vinaigre. Jambons cuits au vinaigre et aux épices, canards conservés dans un mélange de sel et de vinaigre (une recette flamande du XVIIe siècle) et langue de bœuf marinée au vinaigre (recette britannique rapportée par Robert May, en 1660, dans son recueil intitulé *The Accomplisht Cook*, « le cuisinier accompli ») voisinent allégrement avec de plus classiques conserves de légumes, comme nos cornichons, qui font leur apparition sur les tables au XVIIe siècle.

Au XVIIIe siècle, les registres des navires pratiquant le commerce sur la mer Méditerranée faisaient état de thons, de sardines grillées et même d'ortolans, spécialité de l'île de Chypre, que l'on transportait dans des barils pleins de vinaigre.

De la même façon, on prit dès l'Antiquité, au Japon, l'habitude d'ajouter du vinaigre (de riz, en l'occurrence) aux plats de riz et de poisson, afin d'en faciliter la conservation. Un cuisinier inventif créa ainsi les sushis, qui combinent riz vinaigré et poisson cru et, aujourd'hui encore, on verse souvent un filet de vinaigre sur les restes de riz afin d'éviter qu'ils se gâtent, surtout en été.

Au départ simple moyen de conservation des aliments, et, en quelque sorte, mal nécessaire, les marinades au vinaigre ne tardèrent pas à être appréciées comme condiments, si bien que des recettes antiques conçues pour éviter de voir légumes et fruits se gâter naquirent les pickles.

Les conserves au vinaigre aujourd'hui

N'ont survécu à l'avènement des procédés modernes de conservation que les meilleures des conserves au vinaigre, celles pour lesquelles il s'était développé, au fil des siècles, un véritable goût. On ne trouve de ce fait plus guère de viande au vinaigre car les recettes en ce domaine, peu nombreuses, d'ailleurs, car on a toujours préféré recourir au salage ou au fumage, étaient peu savoureuses. Le procédé concerne donc aujourd'hui principalement les légumes et les fruits, ainsi que certains poissons.

Le domaine des pickles englobe une vaste part du règne végétal. On conserve en effet dans le vinaigre les fruits et légumes les plus variés : câpres, oignons, jeunes maïs, petits pois, petits piments, poivrons, tomates, haricots verts, fruits rouges, prunes, fruits exotiques et même des morceaux de melon.

Les poissons marinés au vinaigre sont principalement préparés en Europe septentrionale (Allemagne et Scandinavie) et conditionnés sous forme de semi-conserves. Les variétés le plus couramment soumises à ce traitement sont le saumon (dans les pays anglo-saxons, on sert volontiers le saumon en conserve en hors-d'œuvre ou en sandwiches), les anchois, certains coquillages comme les moules ou les buccins et, surtout, les harengs, pour lesquels les recettes vinaigrées foisonnent. On citera les deux plus célèbres d'entre elles, celle qui fait d'eux des « rollmops » (les harengs sont étêtés, vidés et débarrassés de leurs arêtes, puis ouverts en deux et roulés autour d'oignons ou de concombres au vinaigre, avant d'être mis à mariner pendant quelques jours dans du vinaigre additionné d'épices) et celle des « harengs Bismarck » (harengs de la mer Baltique détaillés en filets et marinés pendant deux ou trois jours dans du vinaigre avec des rondelles d'oignon et des grains de poivre).

Le vinaigre contre le brunissement des aliments : Lorsqu'ils sont en contact avec l'air, certains aliments s'oxydent presque instantanément et noircissent de manière aussi peu esthétique qu'appétissante.

L'écrivain américain Alice B. Toklas cite ainsi dans son *Livre de cuisine* une recette de « Salade Aphrodite » fournie par une de ses amies, à base de pommes et de céleri hachés finement et de yaourt et dont elle dit : « La beauté dépend entièrement de la rapidité avec laquelle les pommes et le céleri sont incorporés au bol de yaourt. C'est ce qui les empêche de brunir. » On pourrait avantageusement conseiller aux cuisinières moins véloces d'ajouter un soupçon de vinaigre à cette recette car plonger brièvement pommes et céleri-rave râpés dans de l'eau vinaigrée leur éviterait de noircir.

De la même façon, les cuisinières nippones

trempent toujours les poissons et les crustacés dans un bain additionné de vinaigre pour éviter qu'ils se décolorent avant leur cuisson.

Ce « truc » est très utile, notamment pour les recettes dans lesquelles le découpage des poissons, légumes ou fruits n'est pas suivi d'une cuisson immédiate.

L'utilité du vinaigre en l'espèce s'explique scientifiquement par le pouvoir que possède l'acide acétique qu'il contient de bloquer l'action des enzymes responsables du brunissement des aliments. Cela explique sans doute aussi que nos ancêtres aient pris l'habitude de l'utiliser, de préférence aux autres procédés de conservation dont ils disposaient, pour les légumes : avec le vinaigre, ceux-ci ne se contentaient pas de ne pas se gâter, mais gardaient de surcroît un aspect appétissant.

C'est aussi de cette action « cosmétique » du vinaigre qu'est née l'habitude d'en ajouter un peu à l'eau de cuisson de légumes comme le chou-fleur ou les salsifis, afin d'intensifier leur couleur blanche. On recourt d'ailleurs à un procédé identique pour s'assurer que les volailles bouillies arborent une chair uniformément pâle et dépourvue de marbrures disgracieuses.

Le vinaigre prévient aussi la décoloration de certains aliments comme le chou rouge. Ce dernier se comporte en effet comme du papier de tournesol, c'est-à-dire qu'il vire au bleu en milieu alcalin. L'eau du robinet contenant souvent du calcaire, élément alcalin, le chou rouge risque de se transformer en chou bleu dès qu'on le rincera. Additionner d'un peu de vinaigre, acide, l'eau dans laquelle on le plonge modifie son pH et évite ainsi cet inconvénient.

Pouvoir attendrisseur : Le vinaigre attendrit les viandes ou poissons durs ou coriaces car l'acide qu'il contient en ramollit les fibres musculaires. On a ainsi remarqué que les animaux de boucherie à qui l'on administrait une bonne dose de vinaigre le jour de leur abattage produisaient une viande beaucoup plus tendre. Pour la même raison, on aura avantage, avant de leur tordre le cou, à soumettre pendant quelques jours les volailles âgées à un régime vinaigré, pour les rendre moins coriaces. Ce procédé empreint de cynisme était déjà recommandé à la fin du XVIIe siècle par Nicolas Lemery, dans son *Recueil de secrets*. Administrer aux volailles, un quart d'heure avant de les occire, une cuillerée de bon vinaigre, puis veiller à les faire marcher un peu leur assure, selon lui, une chair plus tendre et savoureuse.

C'est pour la même raison que l'on fait toujours mariner les viandes dont on craint qu'elles ne soient trop dures, comme le gros gibier ou les viandes trop fraîches, dans une solution de vin, de vinaigre et d'épices. On utilise souvent pour ce faire un vinaigre aromatisé, qui apportera de surcroît au plat une saveur plus originale et raffinée.

Par un processus de nature identique, le vinaigre attaque la cellulose des légumes, c'est-à-dire le composant essentiel des fibres alimentaires, et en facilite la digestion.

On aura donc avantage à faire cuire les gros légumes fibreux avec du vinaigre. Certaines cuisinières arrosent d'ailleurs leur ratatouille de vinaigre pour qu'elle cuise plus vite et soit plus « confite ».

De même, assaisonner les légumes secs d'un filet de vinaigre les rendra plus digestes car plus tendres. On le sait bien, dans le Vermont, et c'est pourquoi on pose toujours sur la table, en même temps que le plat, un pichet de vinaigre de cidre.

On pourra aussi arroser les légumes crus comme les concombres ou les carottes râpées d'un filet de vinaigre, avant de les consommer. Rien n'empêche, après cela, de les accompagner de la sauce de son choix.

La mise à profit du pouvoir attendrisseur du vinaigre présente deux avantages principaux : le premier, d'ordre économique, car il permet d'opter pour des morceaux moins tendres et des légumes moins jeunes, par définition moins chers, et le second, d'ordre diététique car ils réduisent le temps de cuisson. Or une cuisson trop prolongée détruit en grande partie les éléments nutritifs des aliments. Tout procédé permettant d'en raccourcir la durée est donc un atout.

Un puissant désinfectant

Les vertus antiseptiques bien connues du vinaigre le rendent fort utile dans une maison. Sauf spécification contraire, le vinaigre évoqué dans la suite de ce chapitre sera du vinaigre d'alcool ordinaire contenant 6 à 8° acétiques. On commercialise depuis peu aux États-Unis un « vinaigre de ménage » plus fortement concentré en acide acétique que les vinaigres de table, mais en France, il faut encore se contenter de vinaigre d'alcool ordinaire.

Stérilisation des aliments douteux : Même si les bactéries ne furent découvertes qu'au XIXe siècle, on connaissait et utilisait empiriquement depuis bien des siècles les vertus bactéricides du vinaigre. Nos ancêtres comprirent en effet très tôt qu'un traitement au vinaigre permettait de se prémunir contre les conséquences de la consommation de certains aliments.

Sans revenir sur son action antipoison, on rappellera que c'est pour cette raison qu'il était employé en priorité, au Moyen Âge, pour cuisiner les aliments réputés malsains, comme le gros gibier, les abats et les poissons de rivière (anguilles et lamproies notamment). On faisait également toujours bouillir à l'eau vinaigrée la « sauvagine », c'est-à-dire le gibier, avant de l'accommoder en terrine.

On ne consomme plus guère aujourd'hui d'aliments réellement « malsains », mais l'habitude s'est maintenue de désinfecter certains aliments à l'eau vinaigrée. Ainsi, on fait encore toujours tremper les abats dans un bain d'eau acidulée, avant de les faire cuire. De même, pour assainir une viande ou un poisson que l'on soupçonne de n'être pas totalement frais, on les plongera pendant douze minutes minimum dans de l'eau bouillante additionnée de vinaigre, à raison de cinq cuillerées à soupe par litre. Ce procédé les rendra comestibles (en tuant les éventuels microbes ou parasites qui auraient pu y trouver refuge), sinon agréables au goût.

Nettoyage ménager : Pour éviter la contamination de vos plans de travail ou de vos planches à découper par des bactéries telles que la *Listeria*, les salmonelles ou les toxoplasmes, il est indispensable de les désinfecter chaque fois que vous les utilisez. Après les avoir nettoyés au détergent et à l'eau chaude, rincez-les à l'eau vinaigrée pour éliminer les derniers micro-organismes.

Pour l'entretien de vos sols carrelés, linoléums et parquets vernissés, ajoutez à votre eau de lavage quatre cuillerées à soupe de vinaigre (pour une désinfection optimale, choisissez un détergent à base de savon noir). Si, entre deux lavages, vous éliminez les bactéries qui auraient pu élire domicile dans votre cuisine ou votre salon en passant une serpillière trempée dans un mélange d'eau et de vinaigre (deux cuillerées à soupe par seau), vos enfants pourront jouer par terre en toute sécurité.

Ce ne sont là que quelques exemples d'utilisation du vinaigre comme désinfectant ménager. Vous pouvez bien entendu l'utiliser pour tous les objets nécessitant un nettoyage intensif, depuis les jouets de vos enfants jusqu'à vos brosses à cheveux ou vos éponges. Le dosage habituellement recommandé, dans ce cas, est de une cuillerée à soupe de vinaigre par litre d'eau.

Nettoyages divers

Lessive et soins du linge : Les Égyptiens anciens pratiquaient des rinçages au vinaigre pour mordancer les tissus fraîchement teints, c'est-à-dire en fixer les couleurs. Cette technique n'a pas pris une ride et les vêtements et tissus qui « dégorgent » perdront cette détestable manie après un bon bain d'eau froide vinaigrée et salée. Remplissez le fond de votre baignoire, ou une grande cuvette, d'eau froide et ajoutez un demi-litre de vinaigre et une poignée de gros sel. Laissez tremper pendant une dizaine de minutes, puis rincez à l'eau froide et faites sécher.

Le vinaigre permet aussi de raviver les couleurs du linge de maison et des vêtements ternis par les résidus de lessives et de calcaire. Il agit de manière beaucoup moins agressive pour les tissus que les produits vendus dans le commerce à cet effet, qui contiennent presque tous de l'eau oxygénée, et il peut, contrairement à eux, s'employer pour tous les textiles, même les plus fragiles. On procédera à un rinçage au vinaigre (1/2 verre de vinaigre pour 5 litres d'eau), en laissant tremper le linge pendant cinq à dix minutes. Procéder ensuite à un rinçage à l'eau claire.

Ajouté dans la machine à laver au début du programme, le vinaigre neutralise le calcaire de l'eau bien plus économiquement que les additifs anticalcaires industriels et protège les résistances de votre machine. Ce traitement permet en outre, lorsqu'on lave pour la première fois des vêtements, de mieux en éliminer les apprêts qui les raidissent, et de les assouplir.

Ajouté à l'eau de rinçage, le vinaigre assouplit le linge en neutralisant le calcaire de l'eau. On veillera cependant à utiliser une dilution faible (pour une eau de dureté moyenne, une ou deux cuillerées à soupe, suivant la contenance de votre machine, à verser dans le réceptacle destiné aux produits assouplissants), afin d'éviter que le linge prenne une odeur vinaigrée. Une bonne solution consiste à utiliser du vinaigre parfumé, à la lavande par exemple. Ce procédé est idéal pour laver le linge des bébés et des enfants, car les additifs de lavage industriels sont souvent allergisants.

Entretien des cuirs : Fabriquez un *savon pour nettoyer tous vos accessoires de cuir* en faisant fondre au bain-marie 1 volume de savon de Marseille avec 1 volume de cire vierge, 1 d'huile de lin et 2 de vinaigre d'alcool. On applique ce savon sur les cuirs à l'aide d'une éponge légèrement humide, en insistant sur les éventuelles taches, puis on laisse sécher. Il ne reste plus alors qu'à lustrer le cuir. À l'origine destiné au nettoyage des selles et bottes d'équitation, ce savon peut normalement s'utiliser pour tous les cuirs. Évitez cependant de l'employer pour les peausseries fragiles et les teintes très claires.

Pour cirer vos chaussures, voici deux recettes de cirages « maison », qui s'utilisent exactement comme des cirages ordinaires :

On confectionnera un excellent *cirage noir* en mélangeant 1 volume d'huile de lin, 1 volume de vinaigre et 1 volume de mélasse avec suffisamment de noir de fumée pour obtenir une pâte noire.

Le *cirage incolore* se fabrique quant à lui tout simplement en faisant fondre ensemble au bain-marie 1 volume de cire vierge, 1/4 de volume d'huile de lin, 1/4 de volume de vinaigre blanc et 1/4 de volume d'eau. Bien mélanger les ingrédients, puis couler la pâte obtenue dans de petites boîtes et la laisser refroidir.

Entre deux cirages on peut raviver le brillant de ses chaussures en les frottant doucement avec un chiffon imbibé de vinaigre dilué dans de l'eau (une cuillerée à café de vinaigre pour une cuillerée à soupe d'eau). Lustrer immédiatement.

Attention : n'utilisez ce procédé que sur des chaussures régulièrement cirées au véritable cirage : passé sur les enduits brillants à base de silicones vendus dans le commerce, le vinaigre risque de provoquer des catastrophes.

Astiquage des meubles : Pour décaper les meubles sales ou les débarrasser de couches de cire anciennes et noircies, rien ne vaut un simple chiffon imbibé de vinaigre pur. Pour les meubles très sales vous pourrez le mélanger en parts égales avec de l'eau et de l'alcool à brûler. Le décapage achevé, cirez vos meubles normalement.

Vous pouvez pour ce faire utiliser une cire ordinaire ou cet *enduit vinaigré* qui donne aux meubles un éclat incomparable : mélanger deux cuillerées à soupe de vinaigre, une d'huile de lin et une de whisky. On applique cette « vinaigrette » sur les meubles à l'aide d'un chiffon doux, et on les lustre dès qu'elle est sèche. Une seule précaution d'emploi s'impose : il faut veiller à remuer régulièrement le mélange afin d'éviter qu'il se dissocie car il s'agit d'une émulsion très instable. La solution idéale consiste à le préparer dans une petite bouteille que l'on agitera avant de s'en servir.

Entretien des objets métalliques : La plupart des métaux, notamment l'argent, le cuivre, le bronze et l'étain peuvent s'entretenir à l'aide d'eau additionnée de vinaigre (trois cuillerées à soupe par litre) appliquée avec une petite brosse (une vieille brosse à dents fera parfaitement l'affaire). Voilà une méthode aussi simple qu'économique, qui possède l'avantage supplémentaire, non négligeable, de ralentir le ternissement ultérieur des objets traités.

Pour les nettoyer lorsqu'ils sont vraiment sales,

confectionnez une pâte en mélangeant du vinaigre à de la crème de tartre, ou à un mélange à parts égales de sel fin et de farine. Deux recettes de pâte à polir très efficaces.

Nettoyage du verre : L'eau vinaigrée remplace avantageusement les produits lave-vitres, tout comme ceux destinés à nettoyer les verres de lunettes. Utilisez une dilution de 1/2 verre de vinaigre par litre d'eau tiède. Si vos verres de lunettes sont vraiment très sales, lavez-les d'abord tout simplement avec de l'eau et du savon, puis passez-les à l'eau vinaigrée avant de les essuyer.

L'intérieur de votre four à micro-ondes, interdit à tant de produits d'entretien ordinaires, peut lui aussi se nettoyer à l'eau faiblement vinaigrée (une cuillerée à soupe par litre suffit amplement), de même que les parois vitrées des douches.

Détachant : Si l'on applique un peu de vinaigre pur sur les taches d'encre, elles se dissolvent. Attention, cette recette ne fonctionne que pour l'encre bleue. Si la tache se montre tenace, essayez de la laver avec du savon de Marseille dissous dans du vinaigre. Cette recette est également efficace pour les taches d'herbe.

Les taches de transpiration disparaîtront si vous les tamponnez d'eau vinaigrée avant de laver le vêtement. Cette méthode est efficace, même sur les auréoles en apparence décolorées.

Taches grasses ? Recouvrez-les immédiatement d'une pâte confectionnée en mélangeant du vinaigre et de la terre de Sommières. Cette dernière absorbera la graisse, et le vinaigre préviendra l'apparition d'auréoles.

Les taches sur les tapis, notamment celles laissées par des chiens regrettablement soucieux de « marquer leur territoire », s'estomperont si on les tamponne, aussitôt le forfait découvert, avec du vinaigre. Cela évite que l'urine canine décolore le tapis, tout en désodorisant la tache et en lui conférant une autre odeur, plus discrète mais propre à dissuader le coupable de récidiver (du moins à cet endroit).

Pour décoller un chewing-gum importun, il faut le tapoter avec du vinaigre pur. Il va durcir, se racornir, et, une fois sec, se décoller aisément.

Un acide efficace

Cette propriété du vinaigre n'est pas dépourvue d'intérêt pratique, loin s'en faut.

Détartrage : L'acide acétique du vinaigre attaque les dépôts calcaires qui se forment dans la maison dès que l'eau du robinet est calcaire, ce qui est très souvent le cas en France.

Pour entretenir le siphon de votre évier, versez dedans, une fois par semaine, 1 verre de vinaigre et laissez-le agir dix minutes. Si vous l'avez laissé s'entartrer, augmentez la dose de vinaigre, afin de remplir entièrement le siphon (cela nécessite généralement environ 1/4 de litre) et laissez-le agir une nuit entière. S'il dégage des odeurs déplaisantes, additionnez le vinaigre de cinq cuillerées à soupe de bicarbonate de soude.

Pour éviter que la cuvette de vos W-C s'entartre, faites-lui subir le même traitement qu'au siphon de votre évier. Il sera désinfecté par la même occasion. Ce traitement simplissime est si efficace qu'un fabricant de produits d'entretien respectueux de la nature commercialise depuis peu un nettoyant pour W-C au vinaigre.

Attention : n'utilisez jamais de vinaigre sur les baignoires, lavabos ou éviers en fonte émaillée : vous verriez la couche d'émail qui les recouvre se ternir, s'amincir, voire finir par se dissoudre complètement, et vos sanitaires prendre une coloration brune peu esthétique.

Le vinaigre peut aussi s'utiliser pour détartrer les bouilloires et cafetières électriques. Une fois par mois, faites fonctionner votre cafetière ou bouillir votre bouilloire avec de l'eau vinaigrée (1 verre par litre d'eau). Rincez-les ensuite à l'eau claire. Pour les cafetières, faites-les fonctionner avec de l'eau trois fois « à vide », après le nettoyage, pour éviter que votre café ne sente le vinaigre. Vous assurerez ainsi à vos appareils un meilleur fonctionnement et une longévité accrue.

Le même traitement pourra être appliqué, avec une efficacité égale, à la robinetterie et aux parties chromées des voitures.

Si vous rêvez de dire adieu aux traînées blanchâtres qui marbrent vos verres, rien n'est plus facile. Il suffit de les rincer dans une eau légèrement vinaigrée (une cuillerée à soupe par litre d'eau) pour qu'ils retrouvent toute leur transparence. Cette concentration en vinaigre est suffisante pour neutraliser le calcaire, mais trop faible pour communiquer une odeur aux verres.

Enfin, pensez à offrir de temps à autre à votre lave-vaisselle un lavage détartrant au vinaigre. Pour ce faire, versez un bon verre de vinaigre dans le fond de votre machine et faites un cycle de lavage chaud.

Nettoyage des casseroles : Grâce à l'acide acétique du vinaigre, vous pouvez aussi décaper vos casseroles noircies en faisant bouillir dedans un mélange de vinaigre et de gros sel. Pour plus d'efficacité, ajoutez une bonne poignée d'épinards, riches en acide oxalique, dont l'action corrosive va se combiner avec celle du vinaigre. N'hésitez pas à laisser bouillir cette mixture aussi longtemps que nécessaire, mais évitez dans la mesure du possible d'inhaler les vapeurs corrosives qui s'en dégagent.

Si des aliments ont attaché au fond d'une casserole, appliquez la même recette (sans les épinards), mais contentez-vous de remplir la casserole de vinaigre et de sel et de la laisser tremper, sans la faire chauffer.

Eaux-fortes et peintures à l'ancienne : En concentrant le vinaigre, ce que l'on peut faire soit en le distillant, soit en l'exposant au gel (l'eau qu'il contient fige alors et se dissocie de l'acide acétique, si bien qu'une fois les glaçons ôtés, il reste un acide beaucoup plus pur), on obtient ce qu'on appelait autrefois une « eau-forte », c'est-à-dire un liquide corrosif susceptible d'attaquer la pierre ou les métaux. On peut se servir de vinaigre ainsi traité pour jouer les graveurs, même si les professionnels lui préfèrent l'acide nitrique, incomparablement plus puissant.

Avant l'apparition des pigments synthétiques, les peintres n'utilisaient que des couleurs d'origine naturelle préparées par des procédés artisanaux, dont certains faisaient intervenir le vinaigre. On obtenait alors des poudres que l'on mélangeait à de l'huile.

La couleur bleue pouvait provenir de l'indigo réduit en poudre puis bouilli dans du vinaigre distillé, et séché, ou, plus romantiquement, de fragments de lapis-lazuli exposés à une flamme, puis broyés dans du vinaigre, selon la méthode immortalisée par Hannibal lorsqu'il franchit les Alpes avec son armée et ses éléphants. La poudre de lapis-lazuli vinaigrée donnait après séchage un bleu outremer.

On utilisait aussi le vinaigre pour purifier le blanc de plomb, en les pilant ensemble, puis en rinçant la poudre obtenue à l'eau claire. Ce procédé, répété à trois ou quatre reprises, garantissait un blanc parfaitement virginal.

Le vert se préparait en broyant du vert-de-gris dans du vinaigre, après quoi on le laissait sécher. Nicolas Lemery cite aussi un vert liquide obtenu en faisant tremper une nuit entière dans du vinaigre du vert-de-gris et du tartre blanc de Montpellier. La mixture était ensuite portée à ébullition puis mise à reposer pendant deux jours.

La marquise de Sévigné utilisait un procédé du même type pour teinter les œufs de Pâques destinés à ses petits-enfants : elle les faisait cuire dans de l'eau vinaigrée avec des plantes, des légumes ou des fruits dotés de pouvoirs colorants comme les myrtilles ou les radis. En attaquant légèrement la coquille des œufs, l'acide du vinaigre y fixait les couleurs.

Le vinaigre peut aussi, les enfants le savent bien, servir d'encre sympathique. Qui n'a pas joué les agents secrets en rédigeant des messages qui ne devenaient lisibles qu'après leur exposition à la chaleur d'une ampoule ? Un peu de vinaigre d'alcool et une plume suffisent.

Chasse les insectes et parasites

Caton l'Ancien évoquait déjà cette propriété fort intéressante du vinaigre dans son *Traité d'agriculture*. Il conseillait en effet, pour conserver les jambons salés et fumés, de les enduire d'un mélange d'huile et de vinaigre. Ainsi, concluait-il, « ni teigne ni vers n'y toucheront ».

Nicolas Lemery, qui n'est jamais en retard d'une recette surprenante, conseille, quant à lui, pour chasser les punaises des lits, de laver les sommiers de bois ou de métal avec un mélange de vinaigre et de fiel de bœuf. Si aucune étude n'a, à ma connaissance, été menée quant à l'efficacité contre les insectes du fiel de bœuf, celle du vinaigre est connue de longue date, comme en témoigne l'expression de la sagesse populaire qui veut qu'« on n'attrape pas des mouches avec du vinaigre ».

De même, nous l'avons vu, c'est sa capacité à éloigner les puces et les poux qui explique la relative efficacité prophylactique du vinaigre durant les épidémies de peste. Puisque le bacille responsable de la maladie était transmis à l'homme par ces insectes, toute mesure tendant à les faire fuir était susceptible de protéger de la contagion, même si l'on ignorait pourquoi.

En pratique, aujourd'hui, les vertus répulsives du vinaigre à l'égard des insectes intéressent plus les ménagères soucieuses de protéger leurs fruits et légumes que le corps médical. La meilleure politique consiste à poser une petite tasse de vinaigre pur dans son garde-manger (la méthode fonctionne mieux dans un espace clos).

Le vinaigre parfumé à l'armoise jouit dans ce domaine d'une grande réputation, à mon humble avis usurpée. Mieux vaut, en tout cas, l'utiliser avec précaution car cette plante est également réputée attirer les insectes ! (On en suspendait autrefois des bouquets dans les étables pour attirer les mouches et en délivrer ainsi les vaches.)

Ajouter du vinaigre à l'eau dans laquelle on lave les légumes ou les fruits, notamment les fruits sauvages, permet d'en chasser sans délai les insectes qu'ils abritent, tout en les désinfectant. Il suffit de les laisser tremper pendant quelques minutes dans une eau légèrement vinaigrée.

Cette méthode vous évitera la mésaventure qui m'est arrivée une fois avec une tarte aux mûres. Ayant négligé de prendre cette précaution simple, j'ai eu la désagréable surprise de voir ma tarte, à peine mise au four, se mettre à grouiller de petits vers...

Pour la même raison, verser du vinaigre fort sur le sol fait sortir les vers de terre, ce qui peut se révéler fort utile pour les pêcheurs à la ligne en mal d'appâts.

Un excellent désodorisant

Contre les mauvaises odeurs provenant des siphons des sanitaires, rien ne vaut un verre de vinaigre. En détruisant les micro-organismes qui en sont responsables, il neutralise les fermentations nauséabondes.

Le vinaigre est aussi particulièrement efficace pour supprimer les odeurs de poisson. Additionner de vinaigre l'eau de rinçage de vos vaisselles de poisson vous prémunira contre les relents tenaces qui perdurent souvent même après plusieurs lavages.

De la même manière, si votre four à micro-ondes a ainsi été « parfumé » à la lotte ou au cabillaud, vous pourrez le désodoriser en faisant chauffer pendant une minute à puissance maximale un verre d'eau légèrement vinaigrée.

L'adjonction d'un filet de vinaigre juste avant de servir évitera aussi à un poisson de « sentir le poisson ». Cet artifice doit cependant être manié avec la plus grande précaution car, bien souvent, un poisson trop odorant manque de fraîcheur. Si vous n'êtes pas sûr de vous, préférez faire recuire votre poisson dans un court-bouillon vinaigré ; vous éviterez ainsi tout risque d'empoisonnement !

Si votre cuisine conserve un souvenir trop vivace du repas que vous venez d'y préparer, faites bouillir une casserole d'eau additionnée de vinaigre et d'herbes aromatiques de votre choix. Cette préparation absorbera les odeurs résiduelles de cuisson.

De même, placer des bols d'eau vinaigrée dans une pièce où vous effectuez des travaux de peinture vous évitera d'être incommodé par l'odeur de celle-ci.

Enfin, pour parfumer vos armoires, préparez des sachets odorants de la manière suivante : Faites bouillir des boutons de rose dans du vinaigre de vin blanc (ou, à défaut, du vinaigre de vin rouge ou du vinaigre d'alcool), égouttez-les, puis laissez-les sécher.

Mélangez-les avec quelques clous de girofle et remplissez-en des sachets de tissu que vous disposerez dans vos placards.

On peut, bien entendu, utiliser d'autres fleurs que les roses. Si elles sont trop fragiles, on se contentera de les laisser macérer dans le vinaigre pendant vingt-quatre heures, au soleil ou à proximité d'une source de chaleur, au lieu de les faire bouillir.

Quelques « trucs » vinaigrés pour réussir vos recettes de cuisine

Pour réussir des blancs d'œufs en neige mousseux à souhait : On ajoutera quelques gouttes de vinaigre aux blancs d'œufs avant de les battre. Cela garantit une neige plus homogène et plus ferme. Ce « truc » s'explique très simplement par le fait que l'acide acétique du vinaigre favorise la coagulation des protéines du blanc d'œuf autour des bulles d'air que le fouettage injecte en son sein et améliore la stabilité du mélange.

Pour que vos poissons pochés soient tendres et fermes tout à la fois : Il faut toujours les faire cuire dans un court-bouillon vinaigré.

Pour préparer des œufs pochés de belle apparence : Le vinaigre est indispensable. Les œufs pochés dans de l'eau bouillante sans vinaigre s'effilochent lamentablement, alors que l'eau vinaigrée permet au blanc de l'œuf de se coaguler rapidement et de manière harmonieuse. Attention ! Salez à peine l'eau : un excès de sel contrecarre l'action du vinaigre sur la coagulation du blanc d'œuf. Vous salerez vos œufs, par la suite, à votre convenance.

Pour relever agréablement un ragoût ou une ratatouille : Ajouter un filet de vinaigre en fin de cuisson.

Pour rattraper une béarnaise tournée : On peut essayer de la passer au mixer avec une cuillerée à soupe de vinaigre (mais cela ne marche pas toujours).

*
* *

À ces « trucs » s'ajoutent, bien entendu, de véritables « recettes » au vinaigre, dont nous parlerons à la fin de ce livre.

CHAPITRE V

Comment fabriquer son vinaigre

C'est le nouveau hobby à la mode ! Bouder les innombrables et savoureux vinaigres déjà sur le marché pour mieux décliner, chez soi, les mille et une façons d'en fabriquer soi-même.

En théorie, il suffit d'exposer du vin, du cidre, de la bière ou tout autre liquide alcoolisé à l'air et d'attendre que les acétobacters entrent en scène, mais cette méthode est par trop aléatoire. Vous auriez en fait beaucoup plus de chances de voir se développer une autre bactérie appelée « fleur de vin »... et votre liquide pourrir sans jamais se muer en vinaigre.

La production de vinaigre « maison », sans égaler en complexité les procédés employés par les vinaigriers professionnels, doit cependant respecter quelques règles de base, simples mais impératives.

Les procédés de fabrication utilisés par les spécialistes

Pour les puristes, voici, à titre d'information, un bref inventaire des principales méthodes employées par les « pros ». Il n'est bien entendu pas question pour vous de les reproduire (à moins que, séduit par les mille vertus du vinaigre, vous décidiez d'embrasser la profession vinaigrière).

Les procédés de fabrication du vinaigre se classent en deux grandes catégories : d'une part, ceux dans lesquels le liquide demeure dans une seule cuve tout au long du processus et, d'autre part, ceux qui impliquent un transvasement.

Les procédés à cuve unique

Méthode « orléanaise »

C'est là la méthode la plus réputée, employée en Bourgogne depuis le Moyen Âge, mais aussi dans toutes les régions viticoles. Elle concerne exclusivement le vinaigre de vin.

Ce vin est d'abord filtré à travers un tonneau spécial appelé « râpé à vin », qui contient des copeaux de bois de hêtre imbibés de vinaigre chaud. Il est ensuite versé dans un tonneau contenant du vinaigre, que l'on remplit aux deux tiers de sa capacité, avant de le placer dans une pièce bien ventilée et où règne une température comprise entre 25 et 30°. On sait en effet qu'une chaleur modérée favorise la multiplication des acétobacters, qui seront « cultivés » à la surface du mélange de vin et de vinaigre.

Les tonneaux, appelés « tonneaux-mères », ou « poinçons », d'une contenance de 236 litres, sont percés de trous d'aération dans leur partie supérieure et munis d'un robinet dans leur partie basse.

Le vinaigre ainsi fait est de nouveau filtré, avant d'être mis en bouteilles, dans un second tonneau spécial, baptisé, cette fois, « râpé à vinaigre ».

Une fois un « tonneau-mère » mis en route, ce qui prend deux à trois mois, il fonctionne virtuellement tout seul : il suffit de tirer régulièrement le vinaigre fait et de rajouter aussitôt une quantité légèrement supérieure de vin (pour compenser l'évaporation qui se produit au cours du processus).

Cette méthode exige peu de matériel ou de main-d'œuvre, car tirer un peu de vinaigre et rajouter du vin n'est guère compliqué, mais elle est d'un rendement minime, notamment parce que le processus est lent, et l'évaporation de l'ordre de dix pour cent.

Méthode nordique

Elle s'inspire de l'expérience effectuée par le chimiste hollandais Boerhaave, souvenez-vous : celui qui avait fabriqué du vinaigre en accrochant une bouteille contenant du vin aux ailes d'un moulin à vent.

Aujourd'hui, on utilise des fûts plus longs que larges, baptisés « flûtes », qui sont placés sur un socle en forme de demi-cylindre concave, lequel permet de les faire osciller en permanence sur eux-mêmes. Autrefois, un ouvrier se chargeait d'imprimer aux flûtes un balancement dès qu'elles cessaient d'osciller ; aujourd'hui, c'est un système automatisé qui gère la chose.

Avec cette méthode, l'acétification se produit en quatre à six jours.

Méthode allemande

Principalement employé pour fabriquer du vinaigre d'alcool ou, parfois, de bière, ce procédé utilise des tonneaux à double fond, ou *Essigbilder*, hauts de deux mètres pour un diamètre de un mètre, ce qui assure une exposition conséquente à l'air. Le couvercle des tonneaux est, bien entendu, percé de trous d'aération, quand il n'est pas purement et simplement inexistant.

À 0,15 cm sous ce couvercle se trouve un double fond en bois, percé de nombreux trous imparfaitement obturés par des nœuds faits de corde. Un second double fond identique est placé à 0,15 cm de la base des tonneaux. Il est pour sa part percé de trous d'aération à sa périphérie. L'espace situé entre les deux doubles fonds est rempli de copeaux de bois de hêtre imprégnés de vinaigre fort.

Le liquide alcoolique à acétifier, versé au sommet du tonneau, suinte le long des ficelles jusqu'aux copeaux de bois, qu'il traverse pour tomber dans le double fond inférieur. On le tire très rapidement et on répète l'opération trois fois (ou plus, si nécessaire). La surface liquide exposée à l'air étant extrêmement grande, grâce aux copeaux, l'acétification se fait très rapidement, en trois jours seulement. Pour l'accélérer, on maintient la pièce où se trouve le tonneau à une température de l'ordre de 30° et on superpose souvent trois tonneaux qui coulent l'un dans l'autre.

Une variante de cette méthode consiste à disposer les copeaux de hêtre sous forme de petits rouleaux sur lesquels un appareil rotatif projette le liquide à acétifier. Ce procédé, au demeurant efficace, est resté marginal à cause de son coût élevé.

Méthode « parisienne »

Aujourd'hui fort heureusement tombée en désuétude, elle utilisait elle aussi des tonneaux à double fond, mais se caractérisait surtout par l'emploi de vins plus que médiocres (il arrivait même qu'on les coupe de cidre aigri), dont on masquait le goût grâce à l'adjonction d'un « pain » de fermentation à base de gingembre, de poivre long, de poivre et de piment.

Cette technique de « cache-misère » possède encore une descendance sous la forme de recettes de « vinaigres à la ravigote » (à ne pas confondre avec la sauce ravigote, qui n'a rien à voir avec eux), ainsi appelées parce qu'elles visent à « ravigoter » un vinaigre médiocre en l'assaisonnant d'un cocktail d'herbes aromatiques et d'épices diverses (ail, thym, sauge, estragon, piment, cannelle, poivre, clou de girofle, toute-épice, etc.)

Méthode rapide par immersion des ferments

Avec ce procédé, les acétobacters ne sont plus placés à la surface du liquide à acétifier, mais directement injectés dedans, avec de l'oxygène. L'acétification est de ce fait très rapide.

Méthode Widemann

Présentée à l'Académie des sciences au mois d'août 1872, elle est basée sur l'oxydation rapide de l'alcool par l'ozone (un composé de l'oxygène au pouvoir oxygénant très puissant), adaptée à la production d'acide acétique. L'acétification se fait avec cette méthode en huit minutes seulement !

Dans son usine de White Plains (Georgie), Widemann produisait par ce procédé, à l'époque de sa communication à l'Académie des sciences, 90 barils de 40 gallons chacun par jour, soit environ 14 000 litres de vinaigre, fabriqué à partir de bourbon. Ce vinaigre s'utilisait exclusivement pour les conserves et condiments.

Cette méthode inventive posait un problème principal : le procédé impliquait la fabrication préalable d'ozone, assez coûteuse.

Les procédés comportant plusieurs cuves

Au lieu d'un tonneau-vinaigrier, on utilise pour ces méthodes une batterie de deux à dix tonneaux, entre lesquels on fait ruisseler le liquide en cours d'acétification sur des plans inclinés généralement jonchés de copeaux de bois imbibés de vinaigre. Ceux-ci étant ainsi imprégnés de ferments acétiques, le procédé accélère la fermentation.

Méthode flamande

Elle compte parmi les plus anciens procédés de fabrication du vinaigre, car le chimiste Glauber la décrivit pour la première fois au XVIIe siècle.

On dispose deux tonneaux (d'une contenance approximative d'un muid, soit un peu moins de 270 litres) côte à côte dans une cave. Ces tonneaux sont divisés en deux dans le sens de la hauteur par une sorte de passoire géante sur laquelle on dispose un lit de sarments de vigne, de tiges de saule, de pieds de vigne ou de peaux de raisin. Toutes les douze ou vingt-quatre heures, selon la température régnant dans la pièce, on vide un tonneau pour le transvaser dans l'autre.

Quand le vin commence à être bien acide, on le transfère dans un tonneau qui, au lieu des sarments et peaux de raisin, contient des râpés (copeaux de hêtre) imprégnés de vinaigre, afin d'accélérer le processus. L'acétification se fait en deux à trois semaines, selon la température ambiante (le procédé est plus rapide en été qu'en hiver). Les fabricants plus modernes utilisent une batterie de sept cuves reliées par des canalisations.

Couramment employée pour la fabrication des vinaigres d'alcool, cette méthode n'est guère recommandée pour le vin.

Méthode des brasseries

Par nature spécifique au vinaigre de bière, elle fut mise au point par des brasseurs désireux de transformer leurs résidus d'exploitation en vinaigre. Des tuyaux conduisent ceux-ci dans des tonneaux à ciel ouvert placés en plein air (par temps de pluie, on les couvre de tuiles ou d'ardoises). Le liquide passe d'un tonneau à l'autre en ruisselant à travers des copeaux de bois, de la paille ou, mieux encore, des sarments de vigne, des peaux de raisin ou du moût. On obtient ainsi en trois mois du vinaigre de bière.

Quelques procédés de fabrication plus inhabituels !

Au cas où vous viendriez à manquer de vinaigre, sans avoir le temps ni de courir en acheter, ni d'attendre l'issue du processus d'acétification en cours dans votre vinaigrier, voici quelques techniques de « dépannage ».

« Pour faire vinaigre diligemment », conseille Platine au début du XVIe siècle, faites chauffer un mor-

ceau d'acier ou une pierre, que vous mettrez dans un récipient contenant du vin, après quoi vous ferez bouillir ce vin au bain-marie à découvert. Il se transformera en vinaigre. L'additionner d'oseille ou de raifort produira le même effet.

La Pratique de Rigaud et Saugrain, contemporaine de Platine, propose une recette nettement plus sophistiquée « pour faire vin aigre hastivement », qui consiste à faire bouillir une pinte (environ 1/2 litre) de « bon vin franc », puis lui ajouter du levain « gros comme un œuf d'oye », puis la valeur de 2 noisettes de fiel de lièvre en poudre et une poignée de mûres. On obtient ainsi du vinaigre en quelques heures.

Nicolas Lemery propose quant à lui, un siècle et demi plus tard, une utile recette de poudre qui, ajoutée à du vin, permet de le transformer en vinaigre rosat (parfumé à la rose) « à l'instant ». On fait sécher à l'ombre 100 grammes de mûres vertes, 100 grammes de pétales de roses rouges et 25 grammes de fruits d'épine-vinette, puis on les réduit en poudre. Il en faut environ 15 grammes pour « traiter » un verre de vin.

Plus près de nous, le grand cuisinier Bernard Loiseau conseille quant à lui dans ses *Trucs, astuces et tours de main*, une recette de vinaigre de vin « minute », qu'il confectionne en faisant réduire de trois quarts du vin dans une poêle.

On raconte enfin qu'au XVIIIe siècle, époque où l'on embarquait sur les navires d'énormes quantités de vinaigre car on le croyait capable de prémunir contre le scorbut, un chimiste amateur conçut la brillante idée de convertir les pièces de vin à acétifier en « vaisseaux d'aisance » dans lesquels il invita les ouvriers du port à se soulager. On dit qu'il obtint en quelques jours un excellent vinaigre, fort à souhait. E. Demachy, qui relate l'anecdote dans son *Art du vinaigrier*, publié en 1780, affirme même l'avoir goûté et trouvé fort bon...

Mieux vaut cependant s'en tenir à des procédés

plus orthodoxes. Voyons à présent comment procéder pour fabriquer un bon vinaigre artisanal.

Conseils d'ordre général pour la fabrication d'un bon vinaigre « maison »

Que vous souhaitiez fabriquer du vinaigre de vin, de cidre, d'autres fruits, ou de miel, une précaution préliminaire s'impose : n'utilisez que des ingrédients de qualité, sous peine de fabriquer un vinaigre médiocre, voire carrément mauvais.

Le matériel indispensable

Un vinaigrier

Il s'agit, comme son nom l'indique, d'un récipient spécialement conçu pour la fabrication du vinaigre. Généralement fait de grès ou de verre (la Rolls des vinaigriers, en bois de chêne, est d'un usage beaucoup trop compliqué pour le vinaigrier amateur), il est muni d'un couvercle, le plus souvent en liège, lequel est percé d'orifices permettant une bonne aération et l'introduction d'un entonnoir (pour remplir le vinaigrier au fur et à mesure qu'on le vide).

Avant de l'utiliser, nettoyez votre vinaigrier avec du détergent à vaisselle, rincez-le et séchez-le soigneusement.

Un vinaigrier coûte entre 250 et 600 francs en moyenne, mais c'est un investissement quasi indispensable pour qui veut se lancer dans la fabrication de son propre vinaigre. On peut à la rigueur le remplacer par un petit tonneau muni d'une bonde, pourvu qu'il puisse se poser sur une de ses extrémités et que l'on puisse remplacer l'extrémité supérieure par un couvercle amovible et muni de trous d'aération, mais cela paraît bien compliqué. À vous de décider.

Un entonnoir à bec fin

Choisissez-le impérativement en matière plastique ou en verre, matières résistant à la corrosion par l'acide acétique. Il vous servira à verser le liquide à acétifier dans votre vinaigrier.

Une spatule en bois

Pour manipuler le voile mycodermique destiné à transformer votre vin ou votre cidre en vinaigre.

Un voile d'acétobacters : pas de « mère » de vinaigre ! Une légende tenace veut qu'il faille pour fabriquer du vinaigre une « mère », masse rougeâtre à l'aspect gélatineux peu engageant, qui est en effet riche en acétobacters... et pour cause. Il s'agit en fait d'un fragment du voile mycodermique qui, au lieu de rester à la surface du vinaigrier a « coulé ». Or, lorsque cela se produit, les acétobacters, privés d'oxygène, en sont réduits à consommer celui présent dans les molécules d'acide acétique. En clair, au lieu de transformer l'alcool du liquide en acide acétique, ils dévorent ce dernier. Autant dire que les introduire dans votre vinaigrier équivaudrait à accueillir un loup dans une bergerie !

Il ne faut donc absolument pas utiliser de « mère », mais un voile mycodermique qui, comme son nom l'indique, a un aspect bien différent de celui de la mère gélatineuse décrite plus haut.

Procurez-vous un voile de bonne qualité auprès d'amis fabriquant un bon vinaigre ou cultivez-en un de votre cru, grâce à une recette mise au point par Pasteur lui-même :

Mélangez dans un verre 1 volume de vin (rouge ou blanc), 2 volumes d'eau et 1 volume de vinaigre, ou 1 volume de bière, 1 volume d'eau et 1/2 volume de vinaigre, ou encore 1 volume de cidre et 1 volume de bon vinaigre.

Placez le verre dans une pièce plutôt chaude (pour que la fermentation acétique se fasse bien, il faut que

la température ambiante demeure comprise entre 15,5 et 32° ; attention, elle cesse en deçà de 10°) et bien aérée. Ce dernier détail est d'une importance capitale, car les acétobacters ne vont pas naître du néant juste parce que vous aurez mélangé un peu de vin, d'eau et de vinaigre. Comme le même Pasteur l'a abondamment démontré, la génération spontanée des êtres vivants, si microscopiques soient-ils, est un mythe et les acétobacters, comme les êtres humains, ne naissent pas du vent mais, beaucoup plus prosaïquement, d'une génération antérieure d'acétobacters. En revanche, ce sont bien le vent et les insectes qui conduiront les acétobacters vers l'appétissant mélange de vinaigre et de vin, de bière ou de cidre que vous aurez préparé à leur intention. Autant dire que rien ne se passera si vous placez votre verre dans une pièce confinée.

Si tout va bien, les acétobacters viendront nicher sur votre verre et, au bout de deux à cinq jours vous verrez un voile mycodermique commencer à se former à la surface du liquide : celle-ci commence par s'iriser avant de se couvrir de petits points gris-blanc. Quand ceux-ci se rejoignent pour former un voile opaque, celui-ci est prêt à l'usage. Cette culture prend environ deux à trois semaines, à une température de 20°.

Il s'agit là d'une technique artisanale ; il peut donc se faire qu'elle ne fonctionne pas du premier coup. Dans ce cas, ne vous découragez pas et reprenez les opérations de zéro.

Quand vous aurez réussi, prélevez le voile à l'aide de votre spatule et déposez-le délicatement *à la surface* du liquide que vous voulez voir s'acétifier.

Préparation du liquide à acétifier

Filtrage

Il faut avant tout filtrer le liquide que vous voulez acétifier (vin, cidre, jus de fruits...) à l'aide d'un filtre spécial vendu dans les drogueries, ou, à défaut, d'un

filtre à café en papier. Les professionnels utilisent quant à eux un filtre rempli de copeaux de bois de hêtre imbibés de vinaigre. Rien ne vous interdit, si vous pouvez vous procurer quelques poignées de copeaux, de vous confectionner un filtre semi-professionnel. Veillez simplement à le rincer à l'eau courante après chaque utilisation.

Rectification de la teneur alcoolique du liquide

Cette opération n'est pas obligatoire, mais elle augmente les chances de succès du processus d'acétification. Celui-ci se fait en effet de manière optimale pour les liquides titrant entre 8 et 10° d'alcool, la teneur idéale étant 8,5°, et devient impossible au-delà de 18°.

Si le liquide que vous souhaitez utiliser s'écarte trop de ces limites, il vous faudra le ramener à 8,5°, soit en le coupant d'eau (s'il dépasse 10°), soit en l'additionnant d'alcool (s'il titre moins de 8°). Il est bien évident que vous pourrez plus facilement vous dispenser de l'opération pour un vin titrant 11 ou 12° que pour un « vin » de framboises titrant seulement 5°, ou un marc affichant 35°.

La quantité d'eau ou d'alcool à ajouter se calcule selon les formules suivantes :

Pour ramener un marc titrant 40° à 8,5°
(pour 1 litre de marc)

1) On divise le titre alcoolique du marc (40°) par le titre que l'on veut atteindre (8,5°), pour obtenir la quantité d'eau à rajouter.

$$\frac{40}{8,5} = 4,7 \text{ litres d'eau}$$

2) 1 litre de marc titrant 40° correspondant à 0,4 litre d'alcool, il faudra donc rajouter 4,7 litres d'eau par 0,4 litre de marc.

Pour porter un liquide titrant 5° à 8,5°
(pour 1 litre de « vin » de framboise, par exemple)
1) On soustrait le titre alcoolique du vin de framboise (5°), multiplié par cent, du titre alcoolique que l'on veut atteindre (8,5°), lui aussi multiplié par cent.
8,5 x 100 – 5 x 100 = 350

2) Le résultat de cette opération est alors divisé par le titre alcoolique de l'alcool que l'on compte ajouter pour relever celui du « vin » de framboise moins le titre alcoolique dudit « vin ».
Soit, si l'on utilise de l'alcool neutre à 96° :

$$\frac{350}{96 - 5} = 3,84$$

Pour obtenir 1 litre de « vin » de framboise « amélioré » titrant 8,5°, il faudra donc ajouter 3,84 cl, arrondis à 4 cl, d'alcool neutre à 96° pour 96 cl (100 – 4) de « vin » de framboise.

Si vous ne disposez pas d'alcool à 96°, vous pouvez très bien effectuer l'opération à l'aide d'eau-de-vie ou de marc. Dans ce cas, pour un alcool titrant 40°, il vous faudra en rajouter :

$$\frac{350}{40 - 5} = 10 \text{ cl (pour 90 cl de « vin » de framboise)}$$

Enfin, pour les puristes, voici pour ramener un vin titrant 12° à 8,5° (pour 1 litre de vin) :

$$\frac{8,5 \times 100}{12} = 71 \text{ cl de vin}$$

100 – 71 = 29 cl d'eau
On ajoutera donc 29 cl d'eau pour chaque quantité de 71 cl de vin.

Fabrication du vinaigre de vin

Quels vins utiliser ? Il faut impérativement choisir des vins sains et éliminer les vins traités à l'anhydride sulfureux (SO_2) car ce procédé empêche l'acétification.

Sélectionner de bons vins est la garantie d'un bon vinaigre, car l'un des charmes de ce dernier est qu'il conserve un peu du bouquet de sa matière première d'origine. Les « besaigres », c'est-à-dire les vins accidentellement piqués, donnent un vinaigre exécrable. En clair, renoncez d'emblée à toute idée de « recycler » vos mauvais vins sous forme de vinaigre.

Ce préalable posé, sachez que les vins trop acides ou trop sucrés s'acétifient mal, tout comme les vins rouges trop foncés. Les vins blancs, naturellement plus acides, s'acétifient plus rapidement que les vins rouges, et les vins nouveaux plus vite que les vins vieux.

Si l'on tient compte de ces quelques principes de base, rien n'interdit de mélanger les vins, bien au contraire. N'hésitez donc pas à utiliser vos fonds de (bonnes) bouteilles.

Au travail ! Une fois votre vin filtré et ramené, le cas échéant, à 8,5° alcooliques, il ne vous reste plus qu'à préparer son acétification proprement dite.

Installez de préférence votre vinaigrier dans une pièce sèche et bien aérée (les ateliers des vinaigriers étaient traditionnellement exposés au sud). L'été, une resserre pas trop étouffante et bien exposée fera tout à fait l'affaire, pourvu qu'elle soit bien ventilée. En hiver, veillez à aérer régulièrement la pièce et n'hésitez pas à placer votre vinaigrier à proximité d'un radiateur. La température à rechercher est comprise entre 15 et 20°. Les professionnels travaillent à une température de l'ordre de 30°, mais outre le fait qu'il n'est guère commode de faire régner une telle touffeur dans un appartement ou une maison, surtout dans une pièce bien ventilée, le processus d'acétification est plus aisément maîtrisable, pour un néophyte, à une température inférieure, notamment parce qu'il est plus lent.

Pour faciliter le démarrage du processus d'acétification, on conseille en général de mêler au vin du bon vinaigre de vin, comme le font les vinaigriers orléanais, dans la proportion de 1/3 de vinaigre pour 2/3 de vin.

Chauffez préalablement ce vinaigre à 50° dans un récipient de verre ou d'acier inoxydable. Vous pouvez, si vous le souhaitez, le faire chauffer au four à micro-ondes (une minute à la puissance maximale).

Versez-le *encore chaud* dans le vinaigrier, puis ajoutez le vin.

Rappel : il ne faut jamais utiliser ni bassines de cuivre, ni casseroles émaillées car le vinaigre attaque ces matériaux et, ce faisant, se charge de particules métalliques qui le rendent toxique.

À l'aide d'une spatule en bois, prélevez le voile d'acétobacters cultivé par vos soins (ou offert par des amis vinaigriers) et déposez-le à la surface du mélange. Attention : *il doit impérativement flotter dessus*.

Si tout se passe bien, vous verrez quelques jours plus tard votre voile s'étendre jusqu'à recouvrir entièrement votre futur vinaigre.

Quelque trois semaines plus tard, vous pourrez tirer par le robinet situé au bas du récipient votre premier vinaigre « maison ». Il vous faudra cependant attendre encore un mois pour le consommer. Si vous trouvez la patience de le laisser vieillir une année entière, il n'en sera que meilleur.

Votre vinaigre tiré, il vous faudra aussitôt « recharger » votre vinaigrier d'une quantité de vin, dûment filtré et à la teneur alcoolique contrôlée par vos soins, équivalente à la quantité de vinaigre que vous venez de tirer.

Si l'on suit ce mode d'emploi à la lettre, on peut utiliser un vinaigrier de manière ininterrompue pendant des dizaines d'années, le vinaigre confectionné par vos soins devenant en fait le véritable « père » (à ne pas confondre avec la néfaste « mère » déjà évoquée) de votre future production.

Fabrication du vinaigre de cidre

Pour cette opération, vous pouvez, au choix, utiliser un bon cidre ou le fabriquer vous-même. Cette dernière solution est bien évidemment la plus satisfaisante, car elle permet de doser à son goût les diverses variétés de pommes qui entrent dans sa composition, de manière à obtenir le meilleur cidre possible. Or, tout comme le vinaigre de vin, le vinaigre de cidre conserve un peu de l'arôme de la boisson dont il est issu.

Pour fabriquer votre cidre : Choisissez des fruits sains, mûrs sans excès, et écartez les pommes farineuses.

Épluchez les pommes et débarrassez-les de leurs pépins. On peut fabriquer du cidre avec les épluchures, les pépins et autres « bas morceaux » des pommes, mais il sera beaucoup moins savoureux qu'un cidre fabriqué avec la chair uniquement. Si vous souhaitez néanmoins utiliser vos pommes dans leurs moindres morceaux, nettoyez-les bien pour ôter tout résidu d'engrais ou de pesticide, prélevez la peau et le cœur du fruit, et faites-les préalablement cuire à l'eau, afin de les attendrir.

Hachez grossièrement vos fruits dans un robot de cuisine muni de sa lame la plus ordinaire, puis pressez-les à travers un torchon solide, de manière à en exprimer le jus. Si vous utilisez les peaux et les pépins, ajoutez à leur jus 120 grammes de sucre par litre et laissez-le refroidir.

Ajoutez un sachet de levure de boulanger par litre de jus de pomme. Mélangez bien et versez dans un pot de terre ou de verre épais, que vous recouvrirez d'un torchon. Laissez reposer pendant deux semaines environ, pour que la fermentation alcoolique s'effectue.

Du cidre au vinaigre de cidre : À présent que vous possédez du bon cidre, vous allez pouvoir passer à la fabrication de votre vinaigre.

Commencez par filtrer votre cidre, puis vérifiez et, si nécessaire, rectifiez sa teneur alcoolique, comme il faut le faire pour tout liquide à acétifier. Pour mesurer la teneur alcoolique d'un liquide, on utilise un alcoomètre, un petit appareil simple vendu dans le commerce. Si vous n'en possédez pas, considérez qu'un cidre « maison » titre en règle générale environ 6° (un peu moins si vous avez choisi des pommes très douces et un peu plus si vous avez préféré des variétés très acides).

Procédez ensuite exactement comme pour le vin : versez votre cidre dans un vinaigrier avec 1/3 de bon vinaigre, de cidre, cette fois, et déposez délicatement à sa surface un fragment de voile mycodermique.

En quelques semaines, vous obtiendrez du vinaigre. Ôtez alors le voile mycodermique (vous pouvez le conserver pour fabriquer une nouvelle jarre de vinaigre de cidre), filtrez votre vinaigre et mettez-le en bouteille. (Il est peu recommandé, contrairement à ce qui se passe pour le vinaigre de vin, de tirer le vinaigre petit à petit en rajoutant du cidre au fur et à mesure.)

Le cidre étant affligé d'une tendance naturelle à s'acétifier bien plus prononcée que celle du vin, on opte souvent dans les régions productrices de pommes pour des méthodes beaucoup plus simples ne nécessitant pas la culture préalable d'un voile d'acétobacters. Certains se contentent ainsi d'ajouter 1/4 de litre de bon vinaigre de cidre à une cruche de cidre, après quoi ils la couvrent d'un torchon et laissent le tout reposer dans une pièce chaude ; d'autres se bornent à additionner le cidre à acétifier d'une dose de cidre bouillant, puis le laissent se débrouiller tout seul.

Cela dit, ne vous faites pas trop d'illusions : si ces procédés de fabrication simplifiés fonctionnent, ils sont beaucoup plus aléatoires que la méthode classique décrite plus haut. Comme avec le vin, vous risquez fort de voir votre cidre tourner au lieu de s'acétifier.

Fabrication des vinaigres de fruits

Les vinaigres de fruits se préparent de la même manière que le vinaigre de cidre.

Les poires, les pêches et les autres fruits à chair ferme, qu'il faut choisir mûrs, mais sans excès, seront hachés au robot, tandis que l'on écrasera les fruits rouges et, de manière générale, tous les fruits tendres, au presse-purée. Des oranges et des autres agrumes, on n'utilisera que la chair.

Après avoir exprimé leur jus en pressant la purée de fruits ainsi obtenue à travers un torchon, il faut impérativement leur ajouter un peu de sucre (surtout pour les fruits rouges) avant de laisser la fermentation alcoolique se faire, de manière à obtenir des « vins » d'une teneur alcoolique acceptable. Sans cette adjonction de sucre, les « vins » de fruits ne titrent bien souvent que 3 ou 4°, ce qui rend leur acétification aléatoire.

Si on le souhaite, on peut utiliser des fruits secs, après les avoir fait tremper entiers dans de l'eau (compter environ 4,5 litres d'eau par kilo de fruits).

En revanche, on ne les écrasera qu'après la fermentation alcoolique. Certains confectionnent même du vinaigre à partir de fruits en boîte, en les utilisant comme des fruits frais. Ces deux derniers procédés ne sont néanmoins pas recommandés : tant qu'à fabriquer son propre vinaigre, autant choisir des ingrédients frais !

Après avoir contrôlé et, le cas échéant, rectifié (en l'additionnant d'alcool neutre à 96°) la teneur alcoolique du jus de fruits fermenté obtenu, on procédera exactement comme pour la fabrication du vinaigre de cidre.

Fabrication du vinaigre de miel

Si la méthode employée pour l'acétification proprement dite est identique à celle utilisée pour les vinaigres de cidre et de fruits, la préparation du vinaigre de miel présente une difficulté supplémentaire au niveau des préparatifs préliminaires.

Il faut en effet commencer par fabriquer de l'hydromel. C'est ainsi que l'on appelle le produit de la fermentation alcoolique d'une solution d'eau et de miel. Plutôt que de vinaigre de miel, on devrait d'ailleurs parler de vinaigre d'hydromel. Pour ce faire, on dilue le miel, après l'avoir débarrassé de sa cire, dans une quantité équivalente d'eau bouillante, puis on ajoute un peu de jus de fruits (1 volume pour 4 volumes d'eau miellée), pour faciliter la fermentation alcoolique.

Une fois l'hydromel fabriqué, on procède comme avec les jus de fruits fermentés. La fermentation acétique de l'hydromel, assez lente, prend de cinq à huit semaines.

Quelques conseils utiles

Comment savoir si votre vinaigre est prêt ? Il existe dans le commerce un appareil appelé acétimètre, qui mesure la teneur acétique du vinaigre. Je ne saurais trop vous recommander de vous en procurer un car les autres méthodes d'évaluation nécessitent quelques dispositions pour la chimie !

On peut en effet mesurer la teneur en acide d'un liquide en le saturant au moyen d'un produit alcalin comme la craie. Concrètement, on en dissout le plus possible, puis on s'empare d'un papier, d'un crayon et d'une calculette, pour effectuer un problème qui rappellera étrangement les problèmes de robinets de l'école primaire : sachant que cent parties de vinaigre absorbent en moyenne 8 grammes de craie, quel pourcentage d'acide acétique contient un liquide qui vient de dissoudre en son sein x grammes de craie ?

On peut aussi recourir à une liqueur alcaline et à un tube gradué (chaque graduation correspond à un degré acétique). On prépare une solution de 45 grammes de borate de soude pur et de 11 grammes de soude caustique dissous dans un litre d'eau distillée, que l'on colore à l'aide de quelques gouttes de liqueur de tournesol. Le liquide devient bleu. On verse alors le vinaigre dans le tube gradué, puis on ajoute goutte à goutte la liqueur alcaline. On cesse dès que le liquide dans le tube vire au violacé. L'écart entre la quantité de vinaigre versée au départ et la quantité de liquide présente après l'opération indique, en millièmes, la teneur du vinaigre en acide acétique.

Si vous ne souhaitez pas investir d'emblée dans un acétimètre et vous sentez peu d'attirance pour la chimie en chambre, il vous reste la ressource de vous fier à votre palais, méthode qui a pour unique inconvénient d'être fort imprécise. Sachez, dans ce cas, que la saveur piquante du vinaigre apparaît dès qu'il dépasse 6° acétiques.

Que faire lorsque votre vinaigre est prêt ? Une fois que vous avez déterminé, d'une manière ou d'une autre, que votre vin, votre cidre ou votre hydromel s'est effectivement transformé en vinaigre, deux solutions s'offrent à vous :

— Vider votre vinaigrier, en mettre le contenu en bouteille, et le ranger jusqu'à ce que vous ayez épuisé votre stock. C'est là la solution la plus simple, mais quel dommage de vous être donné toute cette peine pour devoir, le jour où vous voudrez de nouveau fabriquer du vinaigre, recommencer tout le processus à zéro.

— En tirer une petite quantité, environ un dixième de son contenu chaque mois et le « recharger » au fur et à mesure, c'est-à-dire remettre aussitôt dans votre vinaigrier une quantité de liquide à acétifier équivalente à la quantité de vinaigre tirée plus dix pour cent (pour compenser l'évaporation survenue au cours du processus). La grande difficulté de l'opération consiste, une fois que vous aurez dûment préparé ledit liquide, à le verser dans le vinaigrier sans submerger le voile d'acétobacters. Pour ce faire, on conseille de le faire couler le long de la paroi du vinaigrier au moyen d'un entonnoir.

Attention : pensez à tirer régulièrement votre vinaigre et à rajouter du vin (ou autre liquide à acétifier dans votre vinaigrier car une fois l'alcool du liquide à acétifier épuisé, les acétobacters s'attaqueront à l'acide acétique du vinaigre pour le transformer en un triste composé d'acide carbonique et d'eau.

Comment conserver votre vinaigre ? Contrairement à ce que l'on pourrait imaginer, le vinaigre ne se conserve pas « tout seul ».

Après l'avoir tiré du vinaigrier, il est tout d'abord

indispensable de le filtrer pour éliminer tous les résidus de voile mycodermique.

Pour assurer une meilleure conservation, on conseille ensuite de le faire rapidement chauffer dans un récipient de verre ou d'acier inoxydable (là encore, rien n'interdit de recourir au four à micro-ondes ; une minute et demie à la puissance maximale) avant de le mettre en bouteilles. Cette astuce a pour avantage de garantir l'interruption définitive du processus d'acétification en tuant les acétobacters, qui périssent à 55°. Tout risque de fermentation excessive se trouve ainsi écarté.

Il est intéressant de constater que les vinaigriers d'antan, qui ignoraient jusqu'à l'existence des acétobacters, avaient découvert empiriquement les vertus de la chaleur à cet égard. Beaucoup de recettes traditionnelles conseillent en effet de porter brièvement le vinaigre à ébullition avant de le mettre en bouteilles ou, plus raffiné, de plonger dedans, une fois l'acétification achevée, un tisonnier rougi.

On entrepose ensuite le vinaigre dans des bouteilles hermétiquement bouchées, que l'on conserve au frais et dans l'obscurité.

Si vous ne disposez pas de récipients hermétiques, une bonne solution provisoire consiste à épandre une couche d'huile à la surface de votre vinaigre, pour le protéger de l'air. Pour l'éliminer, il vous suffira de placer votre récipient au réfrigérateur, afin de faire figer l'huile. Vous pourrez alors aisément retirer votre « bouchon » de fortune.

Attention ! N'entreposez pas le vinaigre et le vin dans la même cave, si vous pouvez l'éviter. En effet, les acétobacters peuvent filtrer à travers un bouchon de liège et, transportés par quelque insecte, venir accomplir leur œuvre sur vos meilleures bouteilles de vin ! Si vous devez entreposer vin et vinaigre ensemble, prenez soin de les éloigner au maximum et de renforcer le bouchon des bouteilles de vinaigre en le cachetant à la cire.

Les problèmes qui peuvent survenir

Le voile d'acétobacters « coule »

Au lieu de demeurer à la surface du vinaigre, il s'enfonce et se transforme en une masse gélatineuse et gluante, dont le nom scientifique est « zooglée ». C'est la fameuse « mère ».

Dans ce cas, le processus d'acétification s'interrompt et, privés d'air, les acétobacters vont chercher l'oxygène nécessaire à leur survie dans les molécules d'acide acétique, qu'ils transforment en composé d'acide carbonique et d'eau.

▶ *Remède : recommencer à partir de zéro.*

Vous avez tiré trop de vinaigre

... Votre vinaigrier n'en contient plus assez pour pouvoir fonctionner !

▶ *Remède : recommencer à partir de zéro.*

Votre vinaigre a pris un « coup de chaud »

En langage clair, la température de la pièce où il se trouve a dépassé 37°. Or, au-delà de 30°, l'acétification se fait mal car les acétobacters, victimes de suroxygénation, deviennent stakhanovistes et s'empressent de re-transformer l'acide acétique qu'ils viennent de produire en mélange d'acide carbonique et d'eau (en chimie, cela s'écrit : $C_2 H_4 O_2 + 4O = 2CO_2 + 2H_2 O$.) En clair, vous n'obtiendrez pas de vinaigre.

▶ *Remède : recommencer à partir de zéro.*

Inutile de vous obstiner : une fois le processus d'acétification interrompu, il ne reprend jamais et, en fait de vinaigre, vous n'obtiendrez que du vin corrompu.

Cela dit, pas d'affolement, ce problème est rarissime si l'on prend la précaution de n'utiliser que des liquides proches de 8 à 10° alcooliques, et de bonne qualité.

Fermentation prolongée

Vous avez laissé votre vinaigre trop longtemps dans le vinaigrier ? On a vu que, lorsqu'ils n'avaient plus d'alcool à se mettre sous la dent, les acétobacters s'attaquaient à l'acide acétique et le détruisaient.

▶ *Remède : s'il n'est pas trop tard, tirer votre vinaigre et remettre du vin pour « nourrir » vos acétobacters.*

Parasites

Même si le vinaigre est extrêmement efficace pour éloigner la plupart des insectes et parasites, il possède cependant ses propres admirateurs, qu'il va vous falloir apprendre à tenir à distance, car ils risquent de causer de sérieux dégâts.

Mouches à vinaigre : aussi appelées drosophiles, elles sont irrésistiblement attirées par l'odeur du vinaigre.

Ces mouches ne sont pas en elles-mêmes nuisibles, mais elles risquent d'introduire dans votre vinaigrier des bactéries nocives... ou encore de transporter des acétobacters vers vos bouteilles de bordeaux.

▶ *Remède : promener une torche confectionnée au moyen de coton et d'alcool à brûler devant les orifices d'aération du vinaigrier et devant son robinet. Cette méthode pour le moins expéditive détruit les mouches et leurs œufs.*

Anguillules : ce sont des sortes de minuscules vers transparents qui se développent dans le vinaigre. En eux-mêmes inoffensifs, ils ont malheureusement la déplaisante manie de s'accrocher au voile d'acétobacters. De ce fait, s'ils se développent en trop grand nombre, ils risquent de le faire couler, et de mettre ainsi fin à l'acétification.

▶ *Remède : contre les anguillules, seule la prévention est efficace. Stériliser le vinaigrier à la vapeur et chauffer le vinaigre à 45 à 50° avant de l'ensemencer constitue l'unique parade.*

Bacterium xylinium : il s'agit d'un micro-organisme dont la présence se traduit par la formation de « peaux » gélatineuses dans le vinaigrier. Ce phénomène est sans danger pour le vinaigre, mais peu ragoûtant.

▶ *Remède : nettoyer à fond le vinaigrier, ce qui oblige à recommencer la fabrication à partir de zéro.*

Tout cela semble bien compliqué mais, en fait, il suffit d'un peu de minutie pour obtenir un excellent vinaigre.

Et pour augmenter vos chances de succès, pensez à vous placer sous la protection de la sainte patronne des vinaigriers, la Sainte Vierge !

Comment fabriquer en toute simplicité des vinaigres originaux

Les gourmets confectionnent des vinaigres aromatisés depuis le IIIe siècle avant J.-C., sinon plus longtemps. Pourquoi n'en feriez-vous pas autant ?

La fabrication de ces vinaigres est en effet d'une facilité enfantine : il suffit de mettre à macérer des herbes aromatiques ou des épices dans une bouteille ou un bocal empli de vinaigre, que l'on placera à proximité d'une source de chaleur : derrière une vitre exposée au soleil, près d'un radiateur, etc. Après quelques semaines, on filtre le nouveau vinaigre et on le met en bouteilles. Voilà : le tour est joué !

Conseils pratiques

Matériel nécessaire

Utilisez des bocaux de verre ou de grès munis d'un bouchon hermétique.

Prévoyez aussi une passoire en nylon ou en bambou (pas de métal) pour le filtrage, et un morceau de gaze ou d'étamine, que l'on disposera dans la passoire pour assurer un filtrage plus efficace.

Choix du vinaigre

Tous les vinaigres sont susceptibles d'être aromatisés. Le bon sens veut toutefois que l'on traite ainsi en priorité les vinaigres à la saveur relativement neutre, comme le vinaigre de vin, le vinaigre d'alcool ou le vinaigre de cidre. Les vinaigres de fruits, par nature déjà aromatisés, sont ainsi rarement soumis à une opération supplémentaire destinée à les parfumer.

Temps de macération

La plupart du temps, quinze à vingt jours de macération suffisent. Dans certains cas, rares, on répétera l'opération avec une nouvelle dose de plantes, afin d'obtenir un vinaigre plus parfumé.

Les aromates et épices

Pour préparer les vinaigres parfumés aux herbes aromatiques, utilisez de préférence des plantes fraîches, les plantes vendues en sachet étant rarement assez parfumées et souvent un brin poussiéreuses. Il faut impérativement choisir des plantes très saines et les laisser sécher pendant douze à vingt-quatre heures avant de les utiliser.

Certains recommandent de placer les aromates dans un sachet de mousseline que l'on suspend dans le bocal à macération, mais mieux vaut les laisser « en liberté » dans le vinaigre, puisque, de toute façon, on le filtrera avant de le consommer.

Tout ingrédient odorant est susceptible d'entrer dans la composition d'un vinaigre parfumé (on confectionne même des vinaigres de champagne aux truffes), même si certains ingrédients s'utilisent plus couramment que d'autres. N'hésitez pas à laisser libre cours à votre imagination et à oser les mélanges. Pour vous aider à faire votre choix, voici un échantillon des vinaigres parfumés les plus courants, avec les doses d'aromates habituellement utilisées pour les confectionner.

Vinaigres aux herbes aromatiques : vinaigre à l'aneth (très apprécié outre-Manche), vinaigre au basilic, vinaigre au céleri (parfumé avec les tiges ou avec les graines de la plante), vinaigre à la ciboulette, vinaigre aux graines de cresson, vinaigre à l'estragon, vinaigre à la menthe, vinaigre à la pimprenelle, ou vinaigre au romarin.

Vinaigres aux épices : vinaigre à l'ail (un grand classique), vinaigre aux câpres, vinaigre à l'échalote, vinaigre au gingembre, vinaigre au clou de girofle, vinaigre à la moutarde, vinaigre à la noix de muscade, vinaigre à l'oignon, vinaigre au piment, vinaigre au poivre (noir, vert ou blanc), vinaigre au poivron, vinaigre au raifort...

Vinaigres aux fruits : vinaigre au citron, vinaigre aux framboises, vinaigre aux fraises, vinaigre à l'orange...

Vinaigres aux fleurs : vinaigre aux pétales de rose, vinaigre aux pétales de violette, vinaigre au jasmin, vinaigre aux fleurs de sureau (autrefois appelé vinaigre surard)...

En règle générale, on compte 60 grammes d'aromates (parfois un peu plus pour les herbes aromatiques) par litre de vinaigre, et en moyenne quatorze jours de macération. Veillez à secouer régulièrement la bouteille ou le bocal pour bien mélanger les ingrédients.

Quelques recettes qui donneront à votre cuisine une saveur toute personnelle et étonneront vos amis

VINAIGRES AUX HERBES

— Vinaigre à l'estragon —

- *4 cuillerées à soupe d'estragon frais ciselé*
- *1/2 litre de vinaigre de vin blanc*

Faire macérer pendant huit semaines.

— Vinaigre de miel à l'estragon —

- *3 ou 4 branches d'estragon*
- *1/2 litre de vinaigre de miel*

Laisser macérer pendant deux semaines.
Cette recette américaine peut également se faire avec du fenouil ou de l'aneth (doses identiques).

— Vinaigre à la menthe —

- *Menthe fraîche en quantité suffisante pour remplir un bocal de 1/2 litre*
- *1/2 litre de vinaigre de cidre (ou de malt)*

Remplir un bocal de feuilles de menthe fraîche laissées entières. Verser dessus du vinaigre de cidre chaud de manière à remplir le bocal.
Laisser macérer pendant six semaines.

— Vinaigre au romarin —

- *4 tiges de romarin*
- *1/2 litre de vinaigre d'alcool blanc (ou de vin blanc)*

Faire macérer au soleil pendant quatre à six semaines.
Ôter les branches de romarin et chauffer le vinaigre jusqu'à ce qu'il frémisse (mais il ne doit pas bouillir). Laisser refroidir et mettre en bouteille.

— Vinaigre aux fines herbes —

- *60 g de feuilles d'estragon*
- *30 g de cerfeuil*
- *30 g de ciboulette*
- *30 g d'échalote*
- *30 g de menthe coq (aussi appelée balsamite)*
- *20 g d'ail*
- *6 clous de girofle*
- *1 litre de vinaigre de vin blanc*

Laisser macérer pendant quinze jours. Exprimer à travers un linge avant de filtrer.

VINAIGRES AUX ÉPICES

— Vinaigre à l'ail —

- *1 tête d'ail de taille moyenne*
- *1 litre de vinaigre de vin blanc ou d'alcool*

Éplucher la tête d'ail, puis la placer entière dans un bocal et recouvrir de vinaigre. Laisser macérer pendant deux semaines.

— Vinaigre au curry —

- *65 g de poudre de curry (à acheter dans les magasins de produits exotiques. Préférer le curry indien, plus parfumé, au curry chinois)*
- *1 litre de vinaigre*

Laisser macérer pendant une semaine et utiliser comme condiment.
Ce vinaigre donnera une originale saveur orientale à vos plats.

— Vinaigre à l'oignon —

- *2 oignons de taille moyenne épluchés*
- *1 pincée de poivre blanc*
- *1/2 litre de vinaigre*

Éplucher les oignons et les mettre à macérer dans le vinaigre avec le poivre blanc pendant trois semaines.

— Vinaigre pimenté —

- *15 g de piment de Cayenne*
- *1/2 litre de vinaigre de vin*

Laisser macérer pendant deux semaines en remuant de temps à autre.
Ce vinaigre remplacera avantageusement l'huile piquante pour les personnes soucieuses de leur ligne.

— Vinaigre vermeil au clou de girofle —
(Recette du XVIe siècle)

- *1 poignée de clous de girofle*
- *1 bâtonnet de cannelle*
- *1/2 litre de vinaigre de vin rouge*

Dans une bouteille en verre, mettre du bon vinaigre. Piler ensemble les clous de girofle et la cannelle et les mettre dans un sachet de toile. Suspendre celui-ci dans la bouteille, la boucher et la mettre au soleil (ou à proximité d'une source de chaleur) pendant cinq à six semaines. Retirer le sachet.

Et, comme le conseille la recette originale, « de cestui vin aigré usez-en sur toutes manières de rost ». Même si l'on n'assaisonne plus guère aujourd'hui les viandes rôties au vinaigre, si raffiné soit-il, ce vinaigre pourra par exemple apporter une touche originale à une salade de pot-au-feu froid, ou à une simple salade verte.

VINAIGRES AUX FRUITS

— Vinaigre aux fruits rouges —

- *1 litre de purée de fraises ou de framboises (ou d'un mélange des deux, ou d'autres fruits rouges)*
- *1 litre de vinaigre de vin rouge ou blanc*

Faire macérer la moitié des fruits dans le vinaigre pendant deux jours. Filtrer et jeter les fruits.
Verser le vinaigre sur le reste de la purée de fruits et attendre encore deux jours. Filtrer.
Ajouter 1 kg de sucre blanc et faire bouillir pendant une dizaine de minutes. Laisser refroidir et mettre en bouteille.
Pour parfumer plus encore ce vinaigre, on peut ajouter, en même temps que le sucre, 4 cuillerées à soupe de cognac.
Cette recette est applicable à tous les fruits rouges et assimilés : cerises, groseilles, cassis, myrtilles, etc.
En cuisine, ce vinaigre parfumé aux fruits rouges peut tout à fait remplacer les vinaigres de fruits, plus difficiles à confectionner.

— Vinaigre au citron —

- *Zestes de 4 citrons*
- *1/2 litre de vinaigre d'alcool blanc*

Mettre les zestes soigneusement lavés dans le vinaigre et les laisser macérer pendant dix à quinze jours.
Ce vinaigre citronné donne une saveur très fraîche aux salades et se marie à merveille avec l'huile d'olive.

VINAIGRES AUX FLEURS

— Vinaigre rosat (aux pétales de rose) —

- *100 g de pétales de rose frais (préférez les roses rouges et les variétés anciennes) ou fraîchement séchés, par vos soins si possible*
- *1 litre de vinaigre de vin*

Faire sécher les pétales de rose à l'ombre pendant vingt-quatre heures, de manière à les débarrasser de leur humidité, puis les mettre dans un bocal.
Faire bouillir le vinaigre et le verser sur les pétales. Laisser macérer pendant douze à quinze jours.

— Vinaigre surard (aux fleurs de sureau) —

- *45 g de fleurs de sureau*
- *1/2 litre de vinaigre de vin*

Faire macérer les fleurs de sureau dans le vinaigre pendant cinq semaines.

— Vinaigre violot (aux fleurs de violette) —

- *50 g de fleurs de violette*
- *1/2 litre de vinaigre*

Laisser sécher les fleurs pendant vingt-quatre heures, puis les mettre à macérer dans le vinaigre pendant quinze jours.
Cette recette peut également se faire avec des fleurs d'oranger ou de jasmin.

VINAIGRES COMPOSÉS

— *Vinaigre épicé à l'américaine (Camp vinegar)* —

- *60 g d'ail haché*
- *35 g de piment de Cayenne*
- *35 g de sauce de soja*
- *35 g de ketchup aux noix (ou de ketchup ordinaire)*
- *9 anchois hachés*
- *1 litre de vinaigre de cidre*

Laisser tous les ingrédients macérer dans le vinaigre pendant un mois.

— *« Vinaigre de feu Mgr le Connétable »* — (Recette, rapportée par Nicolas Lemery, de vinaigre doux très prisé par le connétable-duc de Lesdiguières, mort en 1627.)

- *1 livre (450 g) de raisins nouveaux de Damas épépinés*
- *2 pintes (environ 1 litre) de bon vinaigre rosat*

Les mettre ensemble dans un pot de terre que l'on laissera infuser une nuit entière sur des cendres chaudes (aujourd'hui, on pourrait le poser au-dessus d'un radiateur).
Le lendemain, le faire bouillir. Refroidir et mettre en bouteille.

*
* *

Ce n'est bien entendu là qu'un très mince échantillon des recettes possibles. À vous de jouer, à présent ! N'hésitez pas à les améliorer et à les combiner pour inventer vos propres vinaigres.

CHAPITRE VI

Vinaigre et gastronomie

Le vinaigre fit son entrée dans l'alimentation humaine, nous l'avons vu, comme « mal nécessaire » pour pouvoir conserver certains aliments. À l'instar de tous les autres procédés de conservation antérieurs à l'appertisation et à la congélation, respectivement apparus aux XIXe et XXe siècles, il avait l'inconvénient de modifier considérablement la saveur des aliments frais que l'on y faisait mariner. Mais s'il est probable qu'à l'origine on regretta cette dénaturation du goût, on ne tarda pas à découvrir que nombre d'aliments s'accommodaient fort bien d'une touche acidulée. C'est ainsi que se développa peu à peu un véritable goût pour le vinaigre.

Dès l'Antiquité, un condiment apprécié

Il suffit pour s'en convaincre de considérer la description qu'en fait Pline l'Ancien, au début de notre ère : « Aucune liqueur ne donne plus d'agrément ou de piquant aux aliments et aux saveurs ; dans cet usage, on l'adoucit avec du pain grillé ou du cumin, ou on l'aiguise avec du poivre ou du *laser* [sauce très prisée des Romains, à base de laser de Cyrénaïque ou de Parthe, plante ombellifère d'Orient, plus connue aujourd'hui sous le nom d'*asafoetida*] ; dans tous les cas, le sel le prive de sa force. » (*Histoire Naturelle*, livre XXIII, 57.)

Un bref survol de la littérature grecque antique confirme la tendresse qu'inspirait aux Anciens ce condiment. Le poète comique grec Antiphane (IVe siècle avant J.-C.) l'évoque comme un assaisonnement courant et Athénée, rhéteur grec des IIe et IIIe siècles de notre ère, dit de lui dans son *Banquet des sophistes* que c'est le « seul condiment que les Attiques appellent "douceur" », avant de citer des crus de vinaigre réputés, à l'époque, vinaigres de Sphettos, de Cnide ou d'Égypte. En fait, les Grecs appréciaient tant le vin et le vinaigre que la carte des vignobles suit presque exactement celle des implantations de colonies !

Les services de table gréco-romains comportaient des récipients spécifiques pour le vinaigre, appelés *acetabula* (vinaigriers), sortes de coupes dans lesquelles on trempait le pain.

On servait la salade accompagnée d'une aïeule de la vinaigrette, une sauce mêlant huile d'olive, vinaigre de vin et *garum*, un condiment à base de poisson proche du *nuoc-mâm* vietnamien, qui faisait office de sel. On y ajoutait souvent des fines herbes telles que le persil, le cerfeuil, la menthe, la ciboulette, l'aneth, ou la coriandre, et parfois un peu de vin ou de vin doux.

Lorsque Caton l'Ancien décrit l'alimentation des esclaves, il précise que si les olives, qui constituaient avec le pain l'essentiel de leurs rations, venaient à manquer, on leur donnait à la place du vinaigre. Il était donc considéré comme un aliment à part entière.

Chez le cuisinier romain Apicius, le vinaigre (de vin) est très présent, puisqu'il apparaît dans quarante pour cent des recettes et figure en bonne place parmi leurs dix ingrédients de base.

On citera notamment trois condiments omniprésents, l'*oxygarum*, composé d'épices pilées et liées avec du miel, que l'on consomme délayé dans un mélange de *garum* et de vinaigre ; l'*oxyporum*, mélange de cumin d'Éthiopie trempé dans du vinaigre et séché, de gingembre, de rue, de dattes, de poivre et de miel, que l'on consomme broyé et additionné d'*oxygarum* ; et le *moretum*, fait d'herbes diverses et de vinaigre. Les sauces d'Apicius sont presque toutes construites autour de la trilogie vinaigre-miel-*garum*, à laquelle on adjoint les épices et les herbes aromatiques les plus variées : cumin, poivre, menthe, persil, carvi, etc. On note une grande attirance pour les saveurs sucrées-salées obtenues grâce au mélange du miel et du vinaigre. Le vinaigre sert aussi à déglacer les sauces des viandes rôties.

Apicius accommode, avec un mélange de vinaigre, de miel, de vin doux, de *garum*, de poivre et d'aromates, des légumes tels que les courges, les bettes ou les navets, mais aussi, chose plus inattendue, certains fruits comme les cédrats, les concombres, les pastèques, ou les melons... Il propose également des crudités à la vinaigrette, appelées *acetaria* (ce qui signifie, littéralement, « vinaigrés »), souvent servies accompagnées d'œufs durs et d'olives. La laitue s'assaisonne quant à elle d'un mélange d'*oxyporum*, de vinaigre et de *garum*.

Chez les Romains, le vinaigre sert, encore et toujours, à conserver les aliments les plus divers, des poissons frits aux pêches, en passant par les raves et les huîtres. Il y est en général mêlé de saumure ou de miel et d'herbes aromatiques. On l'utilise aussi, mêlé à de l'huile, pour conserver les précieuses olives. On le parfume alors volontiers avec des herbes aromatiques. Caton l'Ancien évoque ainsi des olives aromatisées au fenouil, au lentisque, au miel, à la menthe, au cumin, à la rue, au persil ou encore au sel. Pour conserver les lentilles, on les faisait tremper dans du vinaigre parfumé, puis sécher au soleil.

Le goût pour le vinaigre dans le monde antique se traduisait encore, on le verra plus loin, par une habitude plus surprenante à nos yeux, qui consistait à boire couramment de l'eau vinaigrée, réputée plus digeste que l'eau pure.

Le vinaigre dans la cuisine française

À Paris, au XIIIe siècle, des colporteurs vendaient du vinaigre par les rues au cri de « vinaigre qui est bon et biaus, vinaigre de moustarde y a ». Ils le transportaient dans un tonneau qu'ils faisaient rouler sur le sol et ne manquaient pas de clients. Tout grenier moyenâgeux convenablement achalandé comportait en effet, à côté du garde-manger destiné à la conservation des fromages, de la réserve de sel et des viandes séchées, un tonneau de vinaigre.

On ne s'étonnera donc pas d'apprendre que la cuisine française médiévale se distinguait par la large place faite aux saveurs acides. Si l'on en croit les ouvrages de l'époque, environ soixante-dix pour cent des recettes comportaient des ingrédients acides tels que du verjus, du vinaigre, des groseilles, etc. En Angleterre, cette proportion n'était que de l'ordre d'une sur deux et en Italie, elle descendait à environ un tiers. Nos voisins transalpins avaient en effet conservé de leurs ancêtres romains le goût des saveurs plus douces et des préparations aigres-douces.

Une proportion écrasante (près de quatre-vingt-dix pour cent) des sauces mentionnées dans le *Viandier* de Taillevent ou *Le Ménagier de Paris* (recueils de recettes culinaires datant du XIVe siècle) comptent le vinaigre au nombre de leurs ingrédients. Il constitue bien souvent, avec son comparse le verjus, le seul élément liquide de la recette, ce qui donne, en fait de sauces, de simples dilutions d'épices broyées dans du vinaigre pur ou mêlé à du verjus ou à du vin. On adoucira un vinaigre jugé trop fort en l'additionnant de pain grillé ou de vin, et on relèvera un vinaigre trop policé de poivre.

Quelques exemples de telles sauces :

La sauce verte, à ne pas confondre avec celle que

nous désignons aujourd'hui par ce nom (une mayonnaise colorée en vert par l'adjonction d'épinards réduits en purée), se composait principalement de pain, de persil, de gingembre, de verjus et de vinaigre. On ajoutait parfois des bettes, du blé vert ou d'autres herbes pour renforcer sa couleur caractéristique.

La cameline, autre sauce « basique » de l'époque, mêlait quant à elle cannelle, gingembre, girofle, graines de moutarde, pain grillé, vin noir, vinaigre et parfois verjus. On la servait avec les viandes rôties.

La moutarde, elle aussi fort appréciée, ne présentait que peu de ressemblance avec l'émulsion que nous connaissons : elle n'était qu'une simple dilution dans du vinaigre de graines de moutarde pilées avec un peu d'eau, du pain sec et des épices et, pour les versions les plus sophistiquées, des amandes. Sa consistance était donc beaucoup plus liquide que celle de la nôtre.

L'assaisonnement le plus apprécié des gastronomes français de cette époque était, si l'on en croit les recueils de recettes, le puissant mélange vinaigre/gingembre ou verjus/gingembre, qui apparaît dans nombre de préparations.

Comme on l'a vu avec les utilisations médicinales du vinaigre, l'attirance pour les condiments vinaigrés ne relevait pas seulement du plaisir gustatif, mais aussi d'un souci diététique. Ses propriétés digestives reconnues valaient au vinaigre d'entrer en priorité dans les recettes visant à préparer des aliments réputés indigestes ou malsains, comme le gibier ou les abats, alors que pour les aliments plus fins, comme les volailles, on lui préférait souvent le verjus.

Pour les mêmes raisons, on s'efforçait d'adapter la cuisine aux saisons : ainsi la cameline se préparait-elle, l'été, avec du vinaigre et, l'hiver, avec du vin.

Le goût français commence à se diversifier à partir de la seconde moitié du XVe siècle, avec notamment l'apparition du sucre dans les recettes. La saveur douce vient concurrencer les deux saveurs qui tenaient jusqu'alors le haut du pavé, la saveur forte, aussi appelée « âcre », apportée par les épices et la saveur acide, qui provenait du vinaigre, du verjus, des vins blancs acides ou, dans les régions méridionales, des jus d'agrumes. On se met ainsi, peu à peu, à préférer à la cameline originelle une version adoucie. Cependant, jusqu'au XVIe siècle, le vinaigre figurera encore en bonne place dans un tiers des recettes culinaires.

La sauce vinaigrette telle que nous la connaissons aujourd'hui fait son apparition pendant la Renaissance (même si le mot lui-même existe depuis le XIIIe siècle pour désigner des plats de viande vinaigrés), mais ne porte pas encore ce nom.

Platine donne ainsi, au tout début du XVIe siècle, une manière d'accommoder une « salade de plusieurs herbes » (laitue, bourrache, menthe, calament, fenouil, persil, balsamite, origan, cerfeuil...) qui ressemble fort à la nôtre : « Aspergez dessus de sel et mêlez bien avec l'huile. Finalement, jetez le vinaigre et ainsi un peu reposées les manger. » Il recommande aussi cet assaisonnement pour les salades de pourpier ou d'oignons cuits sous la cendre.

Cuisine et diététique étant encore intimement liées (voir le chapitre « Vinaigre et médecine »), on sert en entrée d'apéritives « compostes », assortiments de légumes vinaigrés ressemblant, en beaucoup plus raffiné, à nos crudités.

Au XVIIe siècle, le verjus tend à supplanter le vinaigre et la part des saveurs acidulées diminue notablement : on utilise moins souvent les ingrédients acides et quand on le fait, on se limite à des doses beaucoup plus faibles que quelques siècles plus tôt. Le vinaigre n'est ainsi plus jamais l'unique liant d'une sauce, mais un composant parmi d'autres, que l'on utilise avec parcimonie. Parallèlement, la part du beurre et de l'huile, jusque-là minime, s'accroît. Au goût acide « franc » des recettes médiévales, on préfère désormais des sauces plus riches adoucies de beurre ou d'huile.

En revanche, dans le même temps s'affirme un véritable goût pour les condiments vinaigrés. Le procédé purement utilitaire mis au point pour éviter la putréfaction des légumes est depuis longtemps devenu gastronomique avec l'adjonction, dès l'époque romaine, d'herbes aromatiques et d'épices dans les préparations. C'est au XVIIe siècle qu'apparaît sur les tables celui des légumes marinés au vinaigre qui en deviendra plus tard le représentant emblématique : le cornichon. Les gourmets du siècle de Louis XIV se régalent aussi de pickles de criste-marine, d'abricot ou de fleurs de pourpier. Le XVIIIe siècle verra quant à lui des conserves vinaigrées de sardines grillées, de thon et d'ortolans exportés de Chypre dans des barils emplis de vinaigre. On ira même jusqu'à tenter de conserver des truffes dans du vinaigre, désolante hérésie...

Si l'habitude de consommer la salade accompagnée d'une sauce vinaigrée ne s'est jamais démentie depuis l'époque romaine, le siècle des Lumières et son prédécesseur préfèrent à la simple vinaigrette de Platine, ou à la nôtre, des recettes beaucoup plus compliquées. De même que l'on rougirait de servir une simple vinaigrette, l'on ne conçoit pas d'utiliser un vinaigre ordinaire. Ce goût du raffinement ne va pas sans risques pour les cuisiniers moins doués. Boileau évoque ainsi avec mépris, dans sa satire intitulée *Le Repas ridicule*, une « salade de pourpier jaune et d'herbes fades qui nageoit dans des flots de vinaigre rosat ».

C'est au XVIIIe siècle que la vogue des vinaigres parfumés atteint son apogée, puisque l'on en compte près de quatre cents variétés différentes sur le marché. Maille, fondateur de la maison du même nom, qui porte le titre ronflant de « vinaigrier-distillateur ordinaire du Roi et de Leurs Majestés les Empereurs d'Autriche et de Russie », en inventera lui-même plus de cinquante, qu'il dotera de noms aussi exotiques que romanesques, tels que « vinaigre à la belle-évêque », « vinaigre à la mongolienne » ou « vinaigre à la rocambole ». Il existera même un plus coquin, « vinaigre à la p... »! Comme à l'époque romaine, les personnes de goût commandent à leurs orfèvres des récipients spéciaux pour le service du vinaigre. Louis XIV possédait ainsi toute une collection de vinaigriers faits des matières les plus précieuses.

La place du vinaigre dans la cuisine connaîtra une décadence parallèle à l'avènement de la cuisine bourgeoise, qui s'intéresse plus aux sauces riches qu'à cet acide ingrédient, que l'on réserve presque exclusivement à l'assaisonnement de la salade dominicale. Il n'apparaît plus d'ailleurs que dans onze pour cent des recettes du *Guide culinaire* d'Escoffier, paru en 1903.

Maigre consolation, les cornichons sont désormais présents dans toutes les cuisines.

Heureusement, avec la naissance d'une nouvelle diététique et le retour à des saveurs plus vraies, le vinaigre a retrouvé la place qui lui revient et les cuisiniers modernes redécouvrent ses vertus, notamment Alain Senderens, grand défenseur du vinaigre de xérès.

Un rapide tour du monde du vinaigre en forme d'abécédaire

Le goût pour le vinaigre et l'art d'en utiliser la saveur n'est pas l'apanage des cuisiniers hexagonaux.

Ainsi, la sauce pimentée de couleur rouge qui trône sur toutes les tables d'Asie et dans tous les restaurants asiatiques du monde, comme chez nous le sel et le poivre, consiste en une pâte de piments rouges *chilis* pilés, assaisonnée d'ail et humectée de vinaigre. On y ajoute le plus souvent pour l'épaissir un soupçon de fécule de maïs.

Il existe même, dans certaines régions, des recettes de gâteaux au vinaigre à l'étonnante saveur aigre-douce.

ALLEMAGNE

Les palais germaniques professent une attirance traditionnelle pour les saveurs aigres-douces, avec notamment beaucoup de fruits rouges au vinaigre, que l'on sert avec la viande ou le gibier.

Une curiosité locale : on utilise volontiers pour les salades un mélange de vinaigre d'alcool et de vinaigre de vin, moins acide que le premier, mais moins onéreux.

ANGLETERRE

Une nation qui apprécie beaucoup le vinaigre, comme en témoignent la fréquente addition de cet ingrédient dans les sauces et les multiples condiments auxquels il a donné naissance.

C'est en grande partie leur saveur vinaigrée qui caractérise deux des spécialités — on n'ose dire culinaires — les plus populaires, le « *fish and chips* », plat de morue panée et de pommes de terre frites qu'il serait inconcevable de consommer sans l'arroser abondamment de vinaigre, et les chips « *salt'n'vinegar* » parfumées, comme leur nom l'indique, au sel et au vinaigre.

Contrairement à ce qui s'est passé en France, le vinaigre a conservé une place constante dans le goût anglais. Un livre anglais d'économie domestique du XIXe siècle énumère parmi les ingrédients indispensables à conserver dans ses placards le vinaigre à l'estragon, le vinaigre aux anchois, le vinaigre français (de vin rouge) et le vinaigre de vin blanc, auxquels il faut ajouter maintes sauces vinaigrées, sans compter les pickles.

Les sauces anglaises font une large place au vinaigre. C'est le cas, notamment, de la brune sauce Worcestershire, dont la recette, mieux gardée que bien des secrets d'État (on sait seulement qu'elle contient de la sauce de soja, des fruits, du vinaigre et des épices), fut ramenée du Bengale par un général retraité de l'armée des Indes. Il confia à son épicier, la maison Lea & Perrins, le soin de la réaliser, mais fut déçu par le résultat. La sauce fut de ce fait abandonnée dans un recoin du magasin, jusqu'au jour où un employé curieux la redécouvrit. Jugée excellente, la sauce ainsi vieillie fut commercialisée et son succès immédiat ne s'est jamais démenti.

On peut citer aussi la sauce Beefsteak, composée de vinaigre, de sauce de soja, de tamarin, de sucre et d'épices, ou sa variante, la sauce London Club, qui contient en plus de la mélasse, ou encore la déroutante sauce à la menthe, emblématique de la cuisine d'outre-Manche, qui n'est en fait rien de plus qu'un hachis de feuilles de menthe ronde ou poivrée avec du sucre et du vinaigre de malt. La sauce *horseradish*, condiment au raifort que l'on sert avec la plupart des plats de viande, qu'ils soient chauds ou froids, se compose quant à elle de raifort râpé avec du sel, du vinaigre et de la crème. Les fins gourmets ajoutent à cette recette un soupçon de sucre, non pour l'adoucir, mais pour mieux faire ressortir la saveur du vinaigre !

Enfin, la sauce piccalilli, dont nos voisins accompagnent viandes froides et fromages, est une sauce moutardée aux cornichons et aux pickles de chou-fleur et d'oignons.

Les pickles tiennent eux aussi une grande place dans la cuisine britannique. Le mot lui-même, anglais mais passé dans le langage international, est issu du flamand médiéval *pekel*, qui désignait une solution utilisée pour conserver et aromatiser les aliments. Par extension, le mot en est venu à désigner les aliments conservés dans cette solution. Outre les classiques cornichons et légumes mélangés (carottes, chou-fleur, oignons et céleri), nos voisins d'outre-Manche préparent des condiments vinaigrés plus surprenants comme des noix au vinaigre (on cueille les noix encore vertes, on les étuve, puis on les place entières dans une solution de vinaigre de malt avec du caramel, du poivre noir et diverses autres épices), ou de l'aneth au vinaigre que l'on conserve soit dans une saumure vinaigrée, soit dans un mélange de vinaigre et de sirop de sucre. Ces préparations sont d'ordinaire fort prisées, même s'il se trouve des esprits chagrins pour les dénigrer, tel Samuel Johnson, dont Boswell rapporte, dans son *Tour des Hébrides*, à la date du 5 octobre 1773, qu'il recommande d'accommoder les concombres coupés en tranches avec du sel et du vinaigre... puis de les jeter, car « bons à rien » !

On citera aussi, dans la même tradition, le *souse* (littéralement « marinade »), plat traditionnel proche du pâté de tête ou de museau de porc, dont le nom provient du français médiéval *souce*, qui signifiait lui aussi « marinade ». Il s'agit de morceaux de viande de porc pris dans une gélatine vinaigrée (vinaigre et épices diverses).

On vend dans le commerce sous le nom de *pickling spice* (épices pour pickles) des mixtures d'épices destinées à aromatiser pickles et chutneys. Il en existe maintes variétés, mais toutes comportent en général, entre autres ingrédients, des graines de moutarde, des graines de coriandre, des graines de toute-épice, un soupçon de piment fort et souvent des fragments de feuilles de laurier et du gingembre séché.

À ces condiments viennent s'ajouter les chutneys, apport de la colonisation de l'Inde. Le terme lui-même est dérivé de l'hindi *chatni*, qui signifie « goûter, lécher ». Il s'agit d'un mélange de légumes et/ou de fruits cuits dans une sauce sucrée et vinaigrée. Presque tous les fruits et légumes s'y prêtent. Les chutneys les plus courants sont ceux confectionnés à partir de tomates (rouges ou vertes), de pommes, de mangues ou de poires. Ils constituent l'accompagnement traditionnel des curries anglo-indiens.

ANTILLES

Les anciennes Indes occidentales sont le berceau d'un condiment vinaigré très épicé, les achards, autrefois connus sous le nom d'« achias ». Il s'agit de fruits et de légumes locaux confits dans du vinaigre de sève de palmier épicé. Les achards sont toujours un mélange de plusieurs variétés de légumes et/ou de fruits.

On consomme également des chutneys, de mangue notamment, accompagnement traditionnel des *colombos* (le *colombo* est un plat antillais typique, sorte de ragoût épicé de viande ou de poisson).

CATALOGNE

La cuisine catalane se caractérise par son goût pour l'*agredolç* (l'aigre-doux), qui se traduit par une large utilisation du vinaigre et d'autres ingrédients acides dans les sauces. On lie ainsi traditionnellement les jus de viande avec une *picada*, composée de noisettes, noix, pignons ou amandes, de pain frit à l'huile d'olive, d'ail grillé, du foie de l'animal que l'on fait cuire et d'herbes aromatiques et d'épices pilées dans du vinaigre de *rancio* (un cépage de vin local) et de l'huile d'olive. On délaie ce mélange dans le jus de cuisson.

CHINE

Sa cuisine contrastée fait la part belle aux saveurs aigres-douces combinant sauce de soja, sucre et vinaigre. Il s'agit là d'une tradition très ancienne : des inscriptions datant de la période Zhou (1050-249 avant J.-C.) font déjà état de plats de fête vinaigrés, notamment des escargots marinés au vinaigre.

Il ne s'agissait pas encore de vinaigre de vin car si la culture de la vigne fut probablement implantée en Chine dès le début du premier millénaire avant notre ère, la tradition veut que l'art du vin n'ait été rapporté de l'Empire parthe ou d'Arabie qu'au Ier siècle avant J.-C. par un général de l'empereur Han Wudi. Les Chinois fabriquaient en revanche depuis déjà près de deux millénaires du vin et du vinaigre de riz ou d'arbouse.

Ce fut un condiment fort prisé tout au long de l'histoire. Un chroniqueur de la période Song, contemporain de l'expédition de Marco Polo (fin du XIIIe siècle), le cite au nombre des choses indispensables même au plus démuni de ses concitoyens et aujourd'hui encore, toute viande grillée à Shanghai et dans les provinces avoisinantes se verra régulièrement badigeonnée d'une sauce à base de vinaigre, de sucre et de sauce de soja. En règle générale, la cuisine de Shanghai se distingue d'ailleurs par l'usage immodéré qu'elle fait du vinaigre, du sucre et du vin de riz.

C'est également au vinaigre que le potage piquant pékinois doit sa saveur aigre-douce.

Dans la province du Sichuan (sud-ouest) tout apprenti cuisinier se doit de maîtriser, avant de pouvoir même prétendre approcher une casserole, les sept saveurs (sucré, aigre, salé, épicé, amer, piquant et huileux), comme les ingrédients qui les produisent. Il apprend ainsi que l'on apporte une saveur aigre à un plat en y introduisant du vinaigre.

Sous l'influence du principe du « yin » et du « yang », au printemps, saison « yin », on agrémente généralement les plats de sauces vinaigrées, elles aussi « yin ». Lors de la fête du printemps, qui marque le début de la nouvelle année selon le calendrier chinois traditionnel, on consomme souvent de l'agneau accompagné d'une sauce aigre, qui symbolise le renouveau de la nature, ou des plats aigres-doux à base de viande, avec du riz gluant.

Pour les mêmes raisons, on servait autrefois rituellement aux jeunes accouchées des pieds de porc cuits dans du vinaigre de riz noir, plat réputé fortifiant dont le nom chinois signifie, très symboliquement, « descendance illustre et cadeau du ciel ».

EUROPE ORIENTALE

Les traditions culinaires de cette région font grand cas des pickles et des condiments aigres-doux. On peut par exemple citer, à cet égard, l'omniprésent condiment de betteraves rouges cuites dans du vinaigre et du sucre avec du raifort qui accompagne la plupart des plats.

FLANDRE

Cette région mérite d'être citée pour les conserves vinaigrées peu ordinaires dans lesquelles elle s'est longtemps illustrée : jusqu'à l'apparition de la congélation, les Flamands conservaient de jeunes canards dans un mélange de vinaigre et de sel.

HOLLANDE

C'est dans ce pays que naquit, au XVIIIe siècle, l'habitude aujourd'hui universellement répandue de consommer des pickles avec de la viande.

INDE

Le vinaigre y est traditionnellement utilisé pour faire cailler le lait, afin de fabriquer du fromage frais « maison ».

Il tient d'autre part une place toute particulière dans la cuisine *singh*, qui fait mariner les viandes dans du vinaigre assaisonné d'oignon, de gingembre, de cumin, de poivre et de curcuma.

Les Indiens consomment aussi force pickles. Le plus commun d'entre eux, servi comme chez nous la moutarde avec les plats les plus divers, est fait d'oignons hachés dans du vinaigre avec un peu de piment.

ISRAËL

La cuisine juive médiévale faisait grand cas des saveurs acidulées. Elle conserva notamment longtemps l'habitude, issue d'un usage babylonien, de servir en guise d'entrée, lors des repas de cérémonie, des légumes trempés dans du vinaigre ou de l'eau salée.

Le premier repas des fêtes de Pessah, la pâque juive, comporte d'ailleurs toujours rituellement un récipient contenant de l'eau salée et du vinaigre, dans lequel on trempe des feuilles de *karpass* (mot syriaque désignant une plante orientale qui tient à la fois du persil et du céleri), ou du persil, du cerfeuil, ou même un morceau de légume. Ce plat est parfois remplacé par une salade de céleri et de laitue au vinaigre.

ITALIE

Un peu éclipsées après la chute de l'Empire romain, les saveurs aigres-douces chères aux cuisiniers antiques reviennent en force dès le XIVe siècle. On n'hésite pas à servir les plats les plus étonnants avec de telles sauces. Ainsi la tête de porc à la piémontaise se sert-elle arrosée de vinaigre rosat et accompagnée de sucre dont chaque convive la saupoudre à sa convenance.

Aujourd'hui le goût du vinaigre se manifeste en Italie par les *sott'aceti*, nom local des pickles, ou *l'aceto dolce*, aussi appelé « moutarde de Vérone » : un mélange de fruits et de légumes confits au vinaigre et conservés dans un sirop de moût de muscat et de miel mélangé à de la moutarde. À côté des pickles classiques de chou-fleur, de carotte ou de petits artichauts, on remarquera des variétés plus inhabituelles, tels des pickles de jeunes vrilles de vigne, déjà consommés à l'époque romaine, des pickles de noix vertes ou encore de raisins acides.

N'oublions pas une succulente curiosité toscane : les fraises arrosées d'un filet de vinaigre balsamique de Modène, qui en relève délicatement la saveur.

JAPON

Le vinaigre (en japonais, *su*) compte parmi les ingrédients de base de la cuisine japonaise. Il s'agit en l'occurrence de vinaigre de riz, mais plus fort et plus parfumé que les variétés provenant des autres pays d'Asie. On peut à la rigueur le remplacer en cuisine par du vinaigre de cidre, mais, dans ce cas, on diminuera la dose de vinaigre et on l'adoucira d'un peu de sucre.

Le *su* occupe un rôle central dans la préparation des sushis et des *su-no-mono*, littéralement les « choses au vinaigre », qui accompagnent traditionnellement tout repas nippon, du plus humble au plus festif, des frugaux repas végétariens des moines bouddhistes aux repas de cérémonie. Ainsi le repas du nouvel an est-il toujours accompagné d'une coupelle de navets au vinaigre et souvent d'une salade assaisonnée de même.

Les Japonais apprécient beaucoup les sauces vinaigrées. L'été, on se régale de jeunes poissons grillés avec du sel et arrosés de *tadézu* (vinaigre dans lequel on a pilé les feuilles d'une herbe aromatique à la saveur poivrée), ou de bonite crue nappée d'une sauce à base de vinaigre et de sauce de soja. Le *shabu-shabu*, fondue de viande, se sert accompagné d'une sauce appelée *ponzu* qui mêle du vinaigre au jus d'un agrume local. Et un amuse-gueule très apprécié, dans les bars à saké, est le foie de poisson-chat bouilli assaisonné au vinaigre de riz et au *miso* (pâte de haricots) !

À ces préparations s'ajoutent les *tsukemono*, pickles qui agrémentent l'omniprésent riz blanc. Les familles pauvres se contentent d'ailleurs souvent, pour tout repas, de riz et de *tsukemono*.

La plupart des légumes, là-bas, sont conservés dans le vinaigre, notamment les échalotes et le gingembre ; d'autres seront conservés de préférence dans de la saumure. On applique aussi ce traitement aux poissons, notamment à la bonite grillée, ainsi qu'aux petits poulpes.

LIBAN

On sert traditionnellement en entrée, avec le délicieux pain libanais, divers pickles marinés dans un mélange caractéristique de saumure légèrement amère et de vinaigre. Les légumes les plus communément soumis à ce traitement sont les navets, qui prennent au cours du processus une délicate couleur rose tyrien. Notons aussi les piments jaunes, les jeunes concombres et un mélange de cornichons, de carottes et de céleri.

MAGHREB

Le vinaigre compte au nombre des assaisonnements les plus courants de la cuisine arabe ancienne, ce qui peut sembler étonnant dans la mesure où il est dérivé de boissons alcoolisées formellement interdites par l'islam et qui n'auraient donc pas dû être produites...

On l'utilise bien entendu pour conserver les aliments, pour les assaisonner (on le mélange alors avec un condiment spécifique local appelé *morrî*, proche du *garum* romain, qui fait office de sel, des herbes aromatiques et des amandes ou des noix) et pour faire mariner les viandes et les poissons. La marinade arabe typique associe au vinaigre du *morrî*, du lait aigri, des épices et des aromates.

Même si le vinaigre ne tient plus aujourd'hui dans leur cuisine proprement dite qu'une place assez marginale, les palais nord-africains apprécient les condiments vinaigrés. Le plus répandu d'entre eux est fait de navets confits dans un mélange de vinaigre et de saumure (un tiers de vinaigre pour deux de saumure), qui se consomment avec la plupart des plats, notamment le couscous. On les relève volontiers d'un peu de harissa.

PERSE

Jusqu'à une date récente, on apportait rituellement aux jeunes mariés persans, avant leur nuit de noces, un plat de pieds de mouton au vinaigre, réputé fortifiant et de bon augure.

RUSSIE

L'arrière-goût aigrelet qui caractérise le bortsch, le potage traditionnel russe, est dû à la présence de vinaigre dans la recette. La cuisine russe dans son ensemble accorde d'ailleurs une grande place aux saveurs et condiments aigres. On pense notamment aux traditionnels jeunes concombres *malossol*, qui sont marinés dans une saumure vinaigrée parfumée à l'aneth.

SCANDINAVIE

C'est une des dernières régions du monde à utiliser couramment le vinaigre pour conserver les poissons. On y fait en effet traditionnellement mariner les harengs dans du vinaigre ou dans un mélange de saumure et de vinaigre.

U.S.A.

Le ketchup, la sauce américaine par excellence, utilise à lui seul une bonne part de la production américaine de vinaigre. Il tire son nom du mot malais *kepchop*, qui désigne une saumure au vinaigre, et est en fait originaire d'Angleterre, où il avait été importé par la Compagnie des Indes orientales. Le mot désigne aujourd'hui une sauce vinaigrée aux tomates, mais au départ, il s'agissait plutôt d'un condiment aux noix ou aux champignons.

Le goût pour les sauces de ce type semble dérivé de l'habitude de conserver le poisson dans un vinaigre épicé, coutume répandue dans toute l'Europe médiévale, qui a donné naissance à des mots comme « escabèche », ou ses variantes britannique, *caveach*, ou hispanique, *ceviche*. Un livre de cuisine datant de la première moitié du XIXe siècle donne la recette du *catsup* (l'ancien nom du ketchup) de la maison Harvey's, grand rival de la sauce Worcestershire : mélanger des anchois, des noix au vinaigre, de la sauce de soja, des échalotes, du piment de Cayenne et trois têtes d'ail avec 4 litres de vinaigre et, pour lui donner une belle couleur écarlate, du carmin de cochenille. Laisser mariner quinze jours en remuant de temps à autre, puis filtrer. La sauce tomate n'est introduite dans les recettes qu'à l'orée du XXe siècle.

Le ketchup est aujourd'hui un des assaisonnements les plus consommés au monde. Une bouteille de cette mythique sauce rouge trône sur toutes les tables des restaurants américains du monde, de Philadelphie à Berlin et de San Francisco à Tokyo... et accompagne désormais presque toujours les hamburgers, au grand dam des puristes.

Le Tabasco, autre condiment vinaigré typiquement américain, tire son nom de la province mexicaine d'origine des piments qui le composent (même si, à présent, ils proviennent souvent d'autres régions). Les piments rouges, cueillis à la main, sont pilés puis mis à dégorger avec du sel dans des fûts de chêne pendant trois ans. On les mélange alors avec du vinaigre distillé (environ deux fois plus concentré que le vinaigre ordinaire), puis on élimine mécaniquement peaux et graines de piment avant de mettre la sauce en bouteilles. Elle est irremplaçable pour la préparation des recettes du sud des États-Unis et des recettes créoles telles que les gombos et les plats de fruits de mer, mais aussi pour confectionner le Bloody Mary, cocktail de jus de tomate et de vodka obligatoirement relevé de quelques gouttes de Tabasco.

La mythique sauce barbecue, évocatrice de cowboys et de grands espaces, contient elle aussi toujours du vinaigre, de la moutarde, du concentré de tomate, du sel, du sucre, du paprika, du poivre, de l'ail, du piment, du Tabasco et de la sauce Worcestershire. On peut indifféremment l'utiliser comme sauce ou pour badigeonner la viande en fin de cuisson, afin de lui donner un fini caramélisé.

Dans le Vermont, on utilise largement le vinaigre de cidre pour assaisonner les plats les plus divers et notamment les haricots secs. Une coutume locale veut également que l'on serve à l'apéritif des cornichons au vinaigre de cidre accompagnés de sirop d'érable.

Boire du vinaigre ?

Drôle d'idée, au premier abord. Et pourtant, la boisson la plus courante pendant l'Antiquité était l'eau vinaigrée et il arrivait aussi que l'on additionne d'autres boissons de vinaigre. Il suffit pour s'en convaincre de se pencher sur quelques textes anciens.

L'eau vinaigrée et ses variantes : Il faut chercher le fondement de cet usage, déjà en vigueur en Grèce à l'époque classique, dans la croyance hippocratique en la nocivité de l'eau pure en tant que boisson, sans doute liée au fait qu'à cette époque, les conditions d'hygiène étant fort rudimentaires, elle n'était probablement pas toujours très saine. L'adjonction de vinaigre était supposée la rendre plus digeste. « L'eau pure ne peut descendre dans l'estomac, disait un adage, mais le vinaigre la fait passer partout. »

On agrémentait parfois le mélange d'un peu de miel, pour obtenir une boisson rafraîchissante appelée *oxycrat*, déjà évoquée par l'orateur athénien Lysias, vers le IVe ou le Ve siècle avant J.-C., dans son plaidoyer « Contre Theopompos pour coups et blessures ». À la belle saison, on agrémentait volontiers cette boisson de quelques feuilles de menthe.

En rajoutant un peu de sel au vinaigre et au miel, on obtenait l'*oxymel*, qui s'utilisait à la fois comme boisson ordinaire et comme potion médicinale. Pline l'Ancien le décrit ainsi : « On a même mêlé le miel au vinaigre, tant il n'est rien que n'ait tenté l'homme » et en fournit la recette dans son *Histoire naturelle*. Il faut mélanger « 10 livres [5 kilos] de miel, 5 hémines [1,4 litre] de vinaigre vieux, une livre [environ 500 grammes] de sel marin et 5 setiers [2,75 litres] d'eau de pluie, bouillie à dix reprises ».

La Bible cite à plusieurs reprises l'eau vinaigrée, tant dans l'Ancien Testament que dans le Nouveau Testament. Il est ainsi dit, dans le Livre des Nombres (6,3) que « Quand un homme ou une femme entend s'acquitter d'un vœu, le vœu de nazir,... il ne boira ni vinaigre de vin, ni vinaigre de boisson forte », ce qui laisse supposer que s'en priver constituait un sacrifice. D'autres passages illustrent quant à eux très bien la place occupée par le vinaigre et l'eau vinaigrée dans l'alimentation antique. Dans le Livre de Ruth (2,14), Booz dit à Ruth, au moment du repas : « Avance ici, mange de ce pain et trempe ton morceau dans le vinaigre. » Les Évangiles selon saint Matthieu (27,48) et selon saint Marc (15,36) évoquent, dans la partie consacrée à la montée du Christ au Golgotha, l'eau vinaigrée qu'on lui a donnée à boire au moyen d'une éponge. Saint Jean (19,29-30), plus loquace, détaille la scène : « Il y avait là un vase plein de vinaigre. On fixa donc à une branche d'hysope une éponge pleine de vinaigre et on l'approcha de sa bouche... » Saint Luc (23,36) relate quant à lui comment les soldats romains refusèrent de lui donner à boire cette même eau vinaigrée (« Ils lui présentaient du vinaigre et disaient : "Si c'est toi le roi des Juifs, sauve-toi toi-même." »).

Ce simple mélange d'eau et de vinaigre, appelé *posca*, constituait la boisson la plus commune, à l'époque : celle des pauvres et des soldats. Ces derniers s'en voyaient d'ailleurs attribuer une ration.

La tradition de la *posca* devait se maintenir longtemps. Une des plus anciennes règles monastiques connues, qui date des débuts de l'ère chrétienne, stipule ainsi que les moines boiront après leurs repas un mélange d'eau chaude et de vinaigre, à la fois hérité de la *posca* et d'une autre boisson traditionnelle romaine, la *calda*, faite de vin coupé d'eau chaude. On retrouvera aussi notre *posca*, hellénisée en *phouska*, dans les inventaires des rations des soldats de l'empereur byzantin Léon VI, qui régna au IXe siècle.

Elle se consommait encore au XVIe siècle, comme en témoigne *La Pratique* de Rigaud et Saugrain, qui conseille, faute de vin, de « boire du vin aigre avec de l'eau, en latin, *posca* ». Les rations des marins provençaux de l'époque comportent d'ailleurs une allocation en vinaigre.

Curieusement, les Chinois de la période Zhou (Ier millénaire avant J.-C.) consommaient eux aussi couramment de l'eau vinaigrée. Tout comme à Rome, il s'agissait là d'une boisson de pauvres, leurs concitoyens plus aisés lui préférant, bien entendu, le vin de riz.

Les « vins » vinaigrés : Le vinaigre ne se buvait pas uniquement avec de l'eau. Pline l'Ancien évoque une utilisation quelque peu sacrilège du vinaigre pour « apprêter le vin », que son traducteur, justement effaré, pense être une tentative désespérée pour relever un vin trop plat.

Caton l'Ancien donne quant à lui la recette d'un « vin d'hiver » destiné aux esclaves, confectionné en mélangeant le moût restant après le pressage des raisins avec du vinaigre, de la *sapa* (du moût cuit de manière à ce qu'il réduise des trois quarts et destiné au sucrage du mélange), de l'eau douce et de l'eau de mer. Ce « vin » se conservait tout l'hiver et jusqu'au solstice d'été. S'il en restait, on l'utilisait en guise de vinaigre.

On retrouve une référence du même type parmi les *Secrets* de Nicolas Lemery, publiés en 1692, qui conseille, pour adoucir un vin trop vert, de lui ajouter une goutte de vinaigre « empreignée » de litarge (un cépage de vin doux).

Ces pratiques barbares sont fort heureusement partout tombées en désuétude, mais cela ne signifie nullement qu'il ne se consomme plus de boissons vinaigrées.

Plus près de nous : On boit traditionnellement l'été dans le Vermont du *hayfield drink* (que l'on peut traduire par « boisson des foins »), qui n'est au fond qu'un *oxycrat* moderne. Il se prépare en effet en mélangeant à de l'eau du vinaigre de cidre et du miel.

On confectionne aussi des sirops délicieusement rafraîchissants en faisant macérer des fruits rouges d'été dans du vinaigre, avant de faire cuire le tout avec du sucre jusqu'à l'obtention de la consistance désirée.

Une solution plus simple consiste à diluer deux cuillerées à soupe de vinaigre de fruits rouges (vinaigre de fraise, de framboise ou de groseille) dans un verre d'eau, avec ou sans sucre.

Le vinaigre balsamique de Modène est quant à lui l'ingrédient de base d'une boisson estivale traditionnelle de sa région d'origine. On place dans un verre une cuillerée de vinaigre balsamique, une cuillerée et demie de sucre et un zeste de citron, puis on le remplit d'eau minérale bien fraîche (plate ou gazeuse).

Enfin, le célèbre cocktail Bloody Mary peut être, un peu abusivement, sans doute, cité parmi les boissons vinaigrées, car il mêle à sa base de jus de tomate et de vodka un trait de Tabasco indéniablement vinaigré. On assaisonne aussi souvent de la sorte de simples jus de tomate.

*
* *

Cela dit, c'est bien évidemment dans les recettes de cuisine que le vinaigre, même et surtout à petites doses, conserve son vrai rôle gastronomique. En voici quelques exemples, faciles à réaliser, histoire de relever vos menus et vos plats.

CHAPITRE VII

Quelques idées de recettes au vinaigre

Si vous croyez difficile de consommer chaque jour du vinaigre, détrompez-vous : vous n'imaginez pas combien de préparations culinaires en contiennent...

Et si la perspective de boire chaque jour de l'eau additionnée de vinaigre vous tente peu, mais que vous souhaitiez bénéficier des multiples bienfaits de ce condiment, voici quelques suggestions pour en absorber tout en vous régalant. Cela va des sauces les plus variées aux plats les plus savoureux en passant par les folkloriques pickles, chutneys et autres fruits au vinaigre.

Conseils préliminaires

Quel vinaigre choisir lorsque la recette ne le précise pas ? En règle générale, les recettes culinaires utilisent les vinaigres traditionnels locaux, issus des productions fruitières ou céréalières de la région, soit...

— Pour les recettes orientales, du vinaigre de riz (sauf précision contraire, choisissez une variété blanche, plus neutre). À défaut, vous pouvez le remplacer par du vinaigre de cidre adouci d'une pincée de sucre car le vinaigre de riz est plus doux.

— Pour les recettes méditerranéennes, du vinaigre de vin.

— Pour les recettes américaines traditionnelles, du vinaigre de cidre.

— Pour les recettes anglaises traditionnelles, du vinaigre de malt.

Pour les salades raffinées, on pourra opter pour un vinaigre parfumé et, avec un bon vin, le vinaigre balsamique de Modène encore une fois s'impose car il est le seul à ne pas dénaturer le goût du vin.

Comment choisir son vinaigre ? Le prix fournit une indication, les vinaigres les plus chers étant généralement plus raffinés, mais cela ne suffit pas.

Une bonne méthode consiste à secouer la bouteille. Contrairement à ce que le profane pourrait croire, un vinaigre de qualité contient toujours un dépôt, sinon cela signifie qu'il a été trop filtré et qu'il est sans doute appauvri en éléments nutritifs et oligo-éléments.

Dans son *Art du vinaigrier*, publié à la fin du XVIIIe siècle, E. Demachy conseille pour juger un vinaigre d'en verser un peu sur ses mains et de se les frotter énergiquement. Le parfum qui s'exhale alors permet d'apprécier la qualité du vinaigre et notamment de s'assurer qu'il a bien conservé un peu du bouquet de sa matière première d'origine, critère primordial selon l'auteur.

Sauf indication contraire, toutes les recettes culinaires qui suivent sont prévues pour 6 personnes.

Attention, on ne le répétera jamais assez, veillez à n'utiliser que des récipients en acier inoxydable, en verre ou en fonte non émaillée, car le vinaigre attaque les autres revêtements et peut en détacher des particules toxiques. De même, choisissez des cuillères et spatules faites de bois ou de matière plastique alimentaire.

Vinaigrettes traditionnelles

C'est dans ce domaine que le vinaigre donne toute sa mesure.

À tout seigneur tout honneur, commençons par la première préparation culinaire qui vient à l'esprit lorsque l'on évoque le vinaigre, la vinaigrette. En fait, il ne faudrait pas parler d'une, mais de plusieurs vinaigrettes, dont le point commun est de se composer principalement d'huile et de vinaigre. Les ingrédients qui viennent s'y ajouter pour la personnaliser ou lui donner plus d'originalité (sel et poivre, bien sûr, et moutarde, mais aussi ail et échalote hachés, fines herbes ou épices exotiques) varient à l'infini.

Les proportions des deux ingrédients principaux diffèrent elles aussi beaucoup d'une version à l'autre, puisqu'elles passent de moitié vinaigre, moitié huile dans certaines à une cuillerée de vinaigre pour trois d'huile dans d'autres, voire quatre dans la recette de salade de pommes de terre aux truffes du compositeur Rossini.

Enfin, la saveur de la vinaigrette change grandement suivant le vinaigre et l'huile utilisés : quoi de commun en effet entre une vinaigrette à l'huile de noix et au vinaigre de xérès et une vinaigrette d'huile d'olive et de vinaigre balsamique de Modène ?

Longtemps entrées traditionnelles, les salades et autres crudités vinaigrées sont passées de mode avec l'avènement, au XIXe siècle, de la cuisine bourgeoise. Les préoccupations diététiques modernes les ont ramenées sur le devant de la scène, si bien qu'aujourd'hui les salades diverses et variées constituent la composante essentielle, voire unique, du repas de midi de bon nombre de nos congénères... surtout à l'approche de l'été et de l'épreuve si redoutée du maillot de bain !

C'est là que la lassitude risque de s'installer et, si

l'on se limite aux insipides et grasses mixtures servies sous le nom de vinaigrette dans les cafés et autres snack-bars, le découragement. Il faut savoir laisser libre cours à son imagination pour personnaliser, mais aussi alléger en calories et en lipides ses assaisonnements. Voici quelques idées, des plus classiques aux plus exotiques, pour donner à vos salades, grâce au vinaigre, une nouvelle saveur.

— Vinaigrette classique —

- *1 cuillerée à soupe de vinaigre*
- *2 à 3 cuillerées à soupe d'huile*
- *Sel, poivre*

Pour obtenir une émulsion homogène, il faut d'abord dissoudre le sel et le poivre dans le vinaigre, avant d'ajouter l'huile.

— Sauce ravigote —

- *2 cuillerées à soupe de vinaigre*
- *4 à 5 cuillerées à soupe d'huile*
- *1 jaune d'œuf dur*
- *Sel, poivre*

Écraser le jaune d'œuf dur dans le vinaigre, avec le sel et le poivre. Ajouter l'huile petit à petit en émulsionnant la sauce. Rectifier l'assaisonnement.
Cette sauce peut être relevée de moutarde forte ou d'échalote hachée. Accompagnement traditionnel de la tête de veau, la sauce ravigote peut aussi fort bien s'utiliser comme une vinaigrette avec de la salade ou des crudités.

— Vinaigrette à la crème aigre —

- *1 cuillerée à soupe de vinaigre*
- *1 1/2 cuillerée à soupe d'huile*
- *1 1/2 cuillerée à soupe d'eau*
- *1 cuillerée à soupe de crème fraîche*
- *1 cuillerée à soupe de yaourt*
- *1 cuillerée à café de moutarde*
- *Sel, poivre*

Mélanger le sel, le poivre et la moutarde et les dissoudre dans le vinaigre. Ajouter ensuite l'eau, l'huile et, pour finir, la crème fraîche et le yaourt, mélangés pour faire une crème aigre.

— Vinaigrette balsamique —

C'est la « star » des vinaigrettes, la seule que l'on puisse décemment, selon les puristes, proposer avec un bon vin, ou une salade composée raffinée.

- *2 cuillerées à soupe d'huile d'olive*
- *1 cuillerée à soupe de vinaigre balsamique de Modène*
- *Sel, poivre*

Mélanger tous les ingrédients. Cette vinaigrette d'exception se marie particulièrement bien avec les salades au goût prononcé comme la roquette, le mesclun ou la trévise.

Pour une entrée de fête, disposez dans des assiettes une poignée de roquette, que vous garnirez de lamelles de parmesan frais et de truffes blanches. Assaisonnez avec une vinaigrette balsamique.

— *Vinaigrette sucrée-salée à la manière d'Apicius* —

- *2 cuillerées à soupe de vinaigre de vin*
- *2 cuillerées à soupe d'huile d'olive*
- *1/2 cuillerée à café de miel*
- *1 cuillerée à moka de* nuoc-mâm *ou de sel (pour remplacer le* garum *de la recette originale)*
- *Poivre*

Mélanger le *nuoc-mâm*, le poivre, le vinaigre et le miel, puis ajouter l'huile.
Cette vinaigrette originale peut aussi être agrémentée d'un peu de vin blanc, de vin doux (dans ce cas, on diminuera légèrement la part de l'huile) et d'herbes aromatiques.

— *« Salad cream » à l'anglaise* —

La cuisine anglaise a acquis, souvent à tort, une réputation exécrable. Rendons-lui justice avec cette sauce (à ne pas confondre avec les variétés douceâtres vendues dans le commerce), qui se marie merveilleusement avec les crudités.

- *1 jaune d'œuf dur*
- *1 jaune d'œuf cru*

Écraser le jaune d'œuf dur avec quelques gouttes d'eau froide, puis lui incorporer le jaune d'œuf cru. Ajouter le sel, le poivre et le piment de Cayenne (en procédant avec précaution pour ce dernier ingrédient car les excès en la matière sont difficilement réparables), la crème, puis le vinaigre.
Cette sauce doit si possible être préparée au moins une heure à l'avance, pour lui laisser le temps d'épaissir.

- *8 cuillerées à soupe de crème fraîche épaisse (vous pouvez utiliser de la crème allégée)*
- *1 1/2 cuillerée à soupe de vinaigre à l'estragon*
- *Une pincée de piment de Cayenne*
- *Sel, poivre*

On peut bien entendu personnaliser cette recette en la relevant de moutarde ou en la parfumant avec des fines herbes ou des épices.

— *Vinaigrette verte à l'américaine* —

- *1 cuillerée à soupe de vinaigre à l'estragon*
- *1cuillerée à café d'ail haché*
- *1 cuillerée à soupe d'estragon frais haché*
- *1 pincée de piment de Cayenne*
- *2 anchois frais ou en conserve (ou 1 cuillerée à café de pâte d'anchois)*
- *3 cuillerées à soupe d'huile d'arachide ou de tournesol*

Piler les anchois au mortier avec l'ail, puis ajouter le piment de Cayenne, le vinaigre et l'estragon. Mélanger jusqu'à obtenir une pâte.
Émulsionner en ajoutant lentement l'huile. La sauce doit rester relativement épaisse.
Cette sauce est excellente avec les salades croquantes comme la romaine.

— Vinaigrette d'or à la japonaise —
(Kimizu)

- *1 1/2 cuillerée à soupe de vinaigre*
- *6 cuillerées à soupe d'eau froide*
- *1 cuillerée à soupe de sucre en poudre*
- *1 1/2 cuillerée à café de moutarde au raifort* (wasabi)
- *1 gros jaune d'œuf (ou 2 petits)*
- *1/2 cuillerée à café de farine de maïs ou de Maïzéna*

Mettre tous les ingrédients à l'exception de la moutarde dans un bol et les mélanger au fouet ou au mixer, puis les faire cuire au bain-marie pendant 5 minutes environ, jusqu'à ce que la sauce épaississe. Ajouter la moutarde et laisser refroidir. Cette sauce japonaise d'une agréable couleur ensoleillée se sert froide avec des crudités, ou une salade composée aux fruits de mer ou au poulet.

Vinaigrettes légères

— Sauce « light » à l'aneth —

- *250 g de fromage blanc à 0 % de matière grasse*
- *1 cuillerée à soupe de vinaigre*
- *1 cuillerée à soupe de sucre en poudre (que l'on peut remplacer par un édulcorant de synthèse)*
- *1 cuillerée à café de moutarde forte*
- *1 bouquet d'aneth frais*
- *Sel, poivre*

Diluer le sucre dans le vinaigre. Ajouter le fromage blanc et la moutarde. Assaisonner et garnir, juste avant de servir, d'aneth ciselé.
Cette sauce pauvre en calories comme en lipides accompagne parfaitement les poissons froids ou fumés ou les pommes de terre au four, mais aussi les simples salades vertes.

— Vinaigrette épicée vietnamienne —
(Nuoc-mâm giam)

- *1 cuillerée à soupe de* nuoc-mâm
- *1 cuillerée à café de vinaigre de riz (ou, à défaut, de vinaigre de cidre)*
- *1 cuillerée à soupe d'eau*
- *1 cuillerée à soupe de sucre en poudre*
- *1/4 de cuillerée à café d'ail frais haché (ou 1 pincée de poudre d'ail)*
- *Un soupçon de piment frais haché*

Mélanger le *nuoc-mâm*, le vinaigre, l'eau et le sucre. Assaisonner d'ail et de piment. Cette sauce assez relevée accompagne traditionnellement les salades vietnamiennes et les pâtés impériaux (*nem*), mais rien n'empêche de l'utiliser pour donner un petit parfum exotique à une salade au poulet.
À noter : cette sauce ne contient pas du tout de matières grasses.

— Vinaigrette japonaise aux deux parfums —
(Nihaizu)

- *3 cuillerées à soupe de vinaigre de riz*
- *3 cuillerées à soupe de sauce de soja légère*

Mélanger le vinaigre et la sauce de soja.
Cette sauce salée accompagnera originalement des crudités à la saveur un peu sucrée comme les carottes ou la betterave.

— Vinaigrette japonaise aux trois parfums —
(Sanbaizu)

- *6 cuillerées à soupe de vinaigre de riz*
- *2 cuillerées à soupe de sauce de soja*
- *1 cuillerée à soupe de sucre en poudre*

Faire dissoudre le sucre dans le vinaigre, puis ajouter la sauce de soja.
Cette « vinaigrette » sucrée-salée peut être relevée de piment de Cayenne ou de moutarde au raifort (*wasabi*). Si elle vous paraît trop douce, n'hésitez pas à augmenter un peu la proportion de vinaigre ou de sauce de soja. Elle se marie parfaitement avec les salades de concombre, de crabe ou de poulet.
Pour obtenir une sauce « 0 calorie », on peut sans dommage remplacer le sucre par un édulcorant de synthèse.

Moutardes

Au départ, une moutarde est une dilution de graines de moutarde broyées dans du vinaigre, mais il ne s'agit là que de la base de la recette. Les ingrédients les plus divers lui sont ensuite adjoints, si bien que l'on obtient tour à tour des mixtures compactes ou, au contraire, presque liquides, parfois si fortes qu'une goutte suffit à faire monter les larmes aux yeux, et parfois si douces qu'elles en paraissent presque sucrées, sans compter une infinité de variétés aromatisées.

— Moutarde à l'ancienne —

(Pour un pot de 200 ml)

- *Graines de moutarde en quantité suffisante pour remplir une fois et demie le pot que vous souhaitez utiliser*
- *1 cuillerée à café de sel*
- *3 cuillerées à soupe de vinaigre*
- *1 à 2 cuillerées à soupe d'huile*

Pour fabriquer une moutarde vraiment traditionnelle, la solution idéale consiste à cultiver soi-même sa moutarde. Une fois les plants en graines, on les arrache et on les suspend par les racines pour qu'ils sèchent, en plaçant un plateau au-dessous pour recueillir les graines. Une fois les plants secs, on les bat pour en extraire les dernières graines.

Si l'on choisit, plus simplement, d'acheter des graines de moutarde, il faut veiller de près à leur fraîcheur car des graines éventées produisent une moutarde insipide.

Mettre les graines de moutarde à tremper dans de l'eau pendant une nuit, puis les piler dans un mortier. Ajouter le sel, le vinaigre et l'huile. Bien mélanger et mettre en bocal.

Pour obtenir une moutarde plus forte, on augmentera la proportion de vinaigre et pour l'adoucir, on accroîtra celle d'huile.

— Moutarde de Dijon —
(Recette traditionnelle du XVIIe siècle)

- *60 g de graines de moutarde*
- *Vinaigre de vin en quantité suffisante pour le trempage des graines de moutarde*
+ 2 cuillerées à soupe
- *60 g de miel*
- *60 g de cannelle*

Faire tremper les graines de moutarde pendant une nuit dans le vinaigre.
Les égoutter, puis les piler dans un mortier avec le miel, la cannelle et 2 cuillerées à soupe de vinaigre de vin. La moutarde ne doit pas être trop épaisse.

— Moutarde forte « maison » —

- *3 cuillerées à soupe de moutarde en poudre*
- *1 1/2 cuillerée à soupe de vinaigre de vin*
- *1 1/2 cuillerée à soupe d'huile*
- *Sel, poivre*

Diluer la poudre de moutarde dans un peu d'eau froide afin d'obtenir une pâte très épaisse. Ajouter les autres ingrédients et mélanger.

Sauces froides

—Mayonnaise—
La légende veut que cette sauce porte ce nom en souvenir de la prise de Port-Mahon, la capitale de l'île de Minorque, par la marine royale française, en 1756. La mayonnaise, originellement baptisée « mahonnaise », aurait été inventée par l'un des cuisiniers chargés de préparer le banquet célébrant cette victoire. En voici la recette traditionnelle :

- *1/2 cuillerée à soupe de moutarde*
- *1 jaune d'œuf*
- *Huile*
- *1 filet de vinaigre*
- *Sel, poivre*

Dans un bol, émulsionner le jaune d'œuf et la moutarde, puis ajouter l'huile petit à petit sans jamais cesser de remuer. Il est bien évidemment possible de « monter » une mayonnaise à la main, mais l'opération est incomparablement plus aisée si l'on se sert d'un batteur électrique.

Une fois la quantité de mayonnaise souhaitée ainsi préparée, saler et poivrer, puis verser un filet de vinaigre et mélanger. L'adjonction de vinaigre stabilise l'émulsion.

Cette recette ultra-classique a donné naissance à maintes variantes. Parfumée d'un hachis de persil, de raifort et de cerfeuil hachés, une mayonnaise devient « sauce Escoffier ». Mariée à un peu de sauce tomate additionnée de poivrons à l'huile, elle prend le nom de « sauce andalouse ». Colorée de vert d'épinard et agrémentée de câpres et de cornichons, elle se mue en « sauce verte ». Relevée de moutarde, elle se voit rebaptiser « sauce rémoulade ». Un filet de jus d'orange sanguine et quelques zestes font d'elle une « sauce maltaise ». Allégée de blancs d'œufs battus en neige, elle s'envole en « sauce mousseline », alors que l'adjonction de crème fouettée non sucrée en fait tout simplement une « sauce chantilly ».

— Sauce béarnaise —

- *1 verre de vinaigre*
- *150 g de beurre*
- *2 jaunes d'œufs*
- *1/2 verre d'eau froide*
- *1 cuillerée à soupe d'échalote hachée*
- *1 branche d'estragon*
- *1 petit bouquet de cerfeuil*
- *Sel, poivre*

Faire réduire à feu très doux le vinaigre, les échalotes et les fines herbes ciselées avec un soupçon de poivre et de sel.
Ajouter l'eau froide pour tiédir le mélange, puis le verser avec les jaunes d'œufs dans une petite casserole. Faire cuire au bain-marie en ajoutant le beurre petit à petit, sans jamais cesser de remuer au fouet. La sauce s'épaissit lentement. *Attention : elle ne doit jamais bouillir, sous peine de former des grumeaux.*
Tout comme la mayonnaise, la sauce béarnaise a donné naissance à plusieurs variantes toutes plus succulentes les unes que les autres. Les plus célèbres d'entre elles sont la « sauce paloise », dans laquelle la menthe remplace l'estragon et le cerfeuil, et la « sauce Choron », béarnaise additionnée de concentré de tomates.

— *Anchoïade* —

- *12 filets d'anchois frais*
- *Huile d'olive (1/4 de litre à 1/2 litre)*
- *2 cuillerées à soupe de vinaigre*

Disposer les filets d'anchois, rincés à l'eau froide, dans une cocotte à fond épais et les recouvrir d'huile d'olive. Ajouter le vinaigre et laisser cuire à feu très doux jusqu'à ce que les anchois prennent une consistance pâteuse. Bien mélanger et laisser refroidir.

Servir accompagné de légumes crus (tomates, concombres, céleris, courgettes, petits artichauts poivrades, oignons nouveaux, céleri, carottes), d'œufs durs et de croûtons frottés d'ail.

Cette recette provençale traditionnelle est beaucoup plus digeste et parfumée que l'émulsion saturée d'ail et d'huile que l'on vend trop souvent sous le nom d'anchoïade.

— *Sauce aigre-douce à la tomate* —

- *3 1/2 cuillerées à soupe de vinaigre*
- *3 cuillerées à soupe de ketchup*
- *1 cuillerée à café de sauce de soja*
- *2 1/2 cuillerées à soupe de sucre en poudre*
- *5 cuillerées à soupe de bouillon de volaille (ou d'eau)*

Faire chauffer dans une casserole le ketchup, le sucre, le vinaigre, la sauce de soja et le bouillon (ou l'eau). Deux minutes après le début de l'ébullition, ajouter la fécule de maïs et laisser cuire jusqu'à la reprise de l'ébullition.

- *1 1/2 cuillerée à soupe de fécule de maïs (Maïzéna)*

On agrémente parfois cette sauce de petits morceaux de pickles de légumes. Elle se sert froide en accompagnement des *nems*, raviolis chinois frits ou beignets de crevettes, mais relève agréablement les viandes froides ou chaudes ou, pourquoi pas, les pâtes (dans ce cas, on l'utilisera chaude).

Sauces chaudes

— *Beurre blanc* —

- *250 g de beurre*
- *3 cuillerées à soupe de vinaigre de vin blanc*
- *1 verre de vin blanc (ou d'eau)*
- *3 échalotes*
- *Jus d'un citron*
- *Sel, poivre*

Porter à ébullition dans une casserole le vinaigre, le vin (ou l'eau) et l'échalote hachée. Lorsque le mélange a réduit de moitié, réduire le feu et ajouter le beurre coupé en petits morceaux en mélangeant au fouet. Assaisonner de sel, de poivre et de citron.

— *Beurre noir* —

- *75 g de beurre*
- *Un filet de vinaigre*

Faire brunir le beurre à la poêle, puis le verser sur les aliments que l'on souhaite en napper. Déglacer la poêle hors du feu avec un filet de vinaigre et le verser sur le beurre noirci. Accompagnement traditionnel de la raie pochée, cette sauce doit impérativement se préparer à la dernière minute.

—Sauce piquante —

- *1 verre de vinaigre*
- *50 g de beurre*
- *1 oignon de taille moyenne*
- *1 tranche de lard non fumé*
- *3 cuillerées à soupe de farine*
- *1/4 à 1/3 de litre de bouillon (ou d'eau)*
- *1/2 cuillerée à soupe de câpres*
- *1 cuillerée à soupe de cornichons hachés*
- *Bouquet garni*
- *Sel, poivre*

Hacher l'oignon et couper le lard en dés.

Préparer un roux brun en faisant revenir l'oignon et le lard dans le beurre. Ôter le lard et l'oignon et incorporer la farine. Lorsqu'elle brunit, ajouter très doucement le bouillon jusqu'à l'obtention du volume de sauce désiré. Remettre l'oignon et le lard, puis le bouquet garni, saler, poivrer, puis laisser réduire à feu doux pendant 20 minutes.

Passer la sauce ainsi obtenue et la relever de vinaigre, de câpres et de cornichons.

Cette sauce est parfaite pour réchauffer des restes de viande froide.

— Sauce à la diable —

- *1 verre de vin blanc*
- *1 verre de vinaigre*
- *2 verres de bouillon*
- *1 cuillerée à soupe de jus de viande*
- *2 échalotes hachées*
- *1 1/2 cuillerée à soupe de farine*
- *50 g de beurre ramolli*
- *Quelques branches de cerfeuil*
- *Une branche d'estragon*
- *Sel, poivre*

Dans une casserole, faire réduire l'échalote hachée dans le vin blanc et le vinaigre. Ajouter le bouillon et laisser cuire une dizaine de minutes.

Mélanger beurre et farine de manière à obtenir une pâte homogène, puis les incorporer petit à petit au contenu de la casserole, en mélangeant au fouet. Verser le jus de viande et assaisonner.

Servir parsemé de fines herbes hachées.

— *Sauce barbecue* —

- *1 verre de vinaigre de cidre ou de vin*
- *1 cuillerée à café de moutarde forte*
- *1 boîte de tomates pelées*
- *2 cuillerées à soupe de sucre en poudre*
- *1 petit piment rouge haché ou une pincée de piment en poudre*
- *1 cuillerée à café de Tabasco*
- *1/4 de cuillerée à café de sauce Worcestershire*
- *1 pincée de paprika*
- *Sel, poivre*

Mélanger tous les ingrédients, puis les faire mijoter pendant 10 à 20 minutes.

Cette sauce accompagne à merveille les viandes grillées. En badigeonner une pièce de viande ou de poulet cuite au barbecue lui donnera une agréable saveur caramélisée typiquement « tex-mex ».

Attention ! Il est impératif de ne procéder à cette opération que 5 minutes avant la fin de la cuisson, sinon vous obtiendrez une pauvre chose noircie, car cette sauce a tendance à faire brûler la viande.

— *Sauce piquante anglo-indienne* — Son auteur, une cuisinière anonyme du milieu du XIXe siècle, la qualifie en toute modestie d'« excellente ».

• *15 g de macis*
• *30 g de gingembre frais*
• *15 g de toute-épice (aussi appelée poivre de la Jamaïque, ou nigelle)*
• *7 g de piment*
• *15 g de moutarde en graines*
• *30 g de poivre long (épice orientale très commune dans les recettes médiévales, mais qui est aujourd'hui presque introuvable en Europe. On peut la remplacer par du poivre noir en grains en diminuant un petit peu les quantités)*
• *1/8 de litre de sauce de soja*
• *1 litre de vinaigre*

Piler les épices et les faire cuire une dizaine de minutes dans le vinaigre frémissant. Filtrer et ajouter la sauce de soja.

— *Sauce aux câpres* —

- *25 g de beurre*
- *3 cuillerées à soupe de farine*
- *1 cuillerée à soupe de câpres hachées*
- *1 cuillerée à soupe du vinaigre dans lequel baignent les câpres*
- *1/4 de litre d'eau de cuisson du poisson que la sauce doit accompagner, ou de bouillon*

Préparer un roux blanc en faisant revenir la farine dans le beurre, sans la laisser dorer. Ajouter le bouillon, le vinaigre et les câpres. Rectifier l'assaisonnement.
Cette sauce relève agréablement les poissons pochés, notamment la raie, et l'agneau bouilli.

— *Sauce au persil à l'anglaise* —

- *25 g de beurre*
- *3 cuillerées à soupe de farine*
- *1/4 de litre de bouillon*
- *4 cuillerées à soupe de persil haché*
- *1 cuillerée à soupe de vinaigre*
- *Sel, poivre*

Faire un roux blanc avec la farine, le beurre et le bouillon. Ajouter le vinaigre et le persil juste avant de servir, et assaisonner.

— *Sauce à l'oignon aigre-douce* —

- *3 petits oignons*
- *25 g de beurre*
- *2 cuillerées à soupe de vinaigre*
- *2 cuillerées à café de sucre en poudre*
- *3 cuillerées à soupe de farine*
- *1/4 de litre de bouillon*
- *Sel, poivre*

Hacher les oignons, les faire revenir dans le beurre, puis ajouter la farine, sans la laisser roussir, et le bouillon. Diluer le sucre dans le vinaigre et incorporer le mélange à la sauce. Rectifier l'assaisonnement et servir.

— *Sauce à la menthe à l'anglaise* —

- *1/8 de litre de vinaigre de malt ou de vin (la recette traditionnelle utilise du vinaigre de malt, mais le vinaigre de vin blanc ou de cidre, plus doux, est souvent préféré aujourd'hui)*
- *4 cuillerées à soupe de menthe fraîche hachée (ronde ou poivrée)*
- *1 cuillerée à soupe de sucre (roux de préférence) en poudre*
- *2 cuillerées à soupe d'eau bouillante*

Diluer le sucre dans l'eau bouillante, puis laisser refroidir. Verser sur la menthe, ajouter le vinaigre et laisser reposer le mélange au moins 2 heures avant de servir, afin que les saveurs se marient bien.
Cette sauce constitue l'accompagnement traditionnel du gigot d'agneau dominical, outre-Manche.

— Sauce médiévale pour dorer les volailles rôties —

- *25 g de beurre*
- *1/4 de cuillerée à café de poudre de safran*
- *25 g de sucre en poudre*
- *1 cuillerée à soupe de vinaigre de vin blanc*
- *1 jaune d'œuf*

Faire fondre à feu très doux le beurre avec le safran. Ajouter le sucre et le vinaigre et laisser cuire jusqu'à obtenir une consistance sirupeuse.
Hors du feu, ajouter le jaune d'œuf et laisser cuire à feu doux pour que le mélange épaississe. Attention, il ne doit jamais bouillir.
Badigeonner la volaille de cette « dorure » 10 minutes avant la fin de la cuisson, puis remettre au four. Le résultat est aussi esthétique que délicieux.

Chutneys

Dérivés modernes des « compostes » du Moyen Âge, ce sont des sortes de confitures aigres-douces de légumes et de fruits, le plus souvent épicées.

Les recettes traditionnelles recommandaient de laisser cuire les chutneys une journée entière sur le coin du fourneau, mais en règle générale, une cinquantaine de minutes à feu doux suffisent amplement. Écumez de temps à autre, si cela est nécessaire (exactement comme pour une confiture). Arrêtez la cuisson de vos chutneys avant qu'ils deviennent trop solides, sinon, ils risquent de se dessécher très rapidement.

On les conservera dans des bocaux fermés (bocaux à confitures ou à conserves) que l'on ébouillantera avant usage.

— Chutney de tomate —

- *2 kg de tomates*
- *1 kg de sucre en poudre*
- *1 litre de vinaigre*
- *1 piment fort (ou doux, selon vos goûts)*
- *1 cuillerée à soupe de sel*
- *1 cuillerée à soupe de gingembre râpé*
- *Poivre*

Ébouillanter les tomates pour les débarrasser plus facilement de leur peau. Les couper en tout petits morceaux.
Les mettre à cuire avec le reste des ingrédients à feu très doux. Quand le mélange épaissit et fonce, le verser dans des bocaux et le laisser refroidir avant de boucher.

— Chutney de concombre —

- *10 concombres bien fermes*
- *2 cuillerées à soupe de graines de moutarde*
- *500 g d'oignons*
- *10 g de piment rouge haché ou en poudre*
- *500 g de sucre en poudre*
- *1 litre de vinaigre*
- *15 g de gingembre*

Éplucher les concombres et les couper en petits dés. Hacher les oignons.
Mettre à cuire à feu très doux tous les ingrédients jusqu'à ce que le mélange épaississe, et le mettre en bocaux.
Ce chutney à la fois frais et épicé accompagne agréablement les viandes froides ou grillées, et les fromages à pâte dure.

— *Chutney de pomme* —

- *3 douzaines de pommes à cuire*
- *1,5 kg d'oignons*
- *1,5 kg de sucre roux en poudre*
- *250 g de raisins secs*
- *60 g de moutarde en graines*
- *15 g de piment rouge*
- *30 g de gingembre moulu*
- *125 g de sel*
- *2 litres de vinaigre*

Éplucher les pommes et les oignons et les hacher en tout petits morceaux.
Mélanger tous les ingrédients et laisser mijoter à petit feu jusqu'à obtenir une « confiture » de couleur sombre. Verser dans les bocaux.

— *Chutney de coing à la coriandre* —

- *Coings coupés en gros cubes en quantité suffisante pour remplir un bocal*
- *1 litre d'eau*
- *1/2 cuillerée à soupe de sel*
- *1 kg de sucre blanc*
- *1/4 de litre de vinaigre de vin*
- *2 cuillerées à café de graines de coriandre*

Mettre les coings coupés en gros dés dans une casserole d'eau froide salée. Porter à ébullition et laisser frémir pendant 10 minutes. Ôter les coings et les égoutter.
Ajouter à l'eau de cuisson le sucre, le vinaigre et les graines de coriandre. Lorsque l'ébullition reprend, remettre les coings dans la casserole et laisser cuire à feu moyen jusqu'à ce qu'ils soient tendres.
Verser dans les pots et les fermer sans attendre que le mélange refroidisse.

— Chutney doux aux légumes et aux fruits —

- *1 chou-fleur*
- *200 g d'oignons*
- *200 g de mangues*
- *200 g de sucre en poudre*
- *1 litre de vinaigre*
- *15 g de gingembre râpé*
- *1/2 bâtonnet de cannelle râpé*

Éplucher les fruits et les légumes. Les faire cuire avec les autres ingrédients jusqu'à l'obtention de la consistance recherchée. Verser dans les bocaux.

— Chutney des Caraïbes —

- *450 g de mangues*
- *360 g de pommes à cuire*
- *180 g d'oignons*
- *450 g de bananes mûres et fermes*
- *360 g de sucre roux en poudre ou de cassonade*
- *1 cuillerée à café de gingembre râpé*
- *1 cuillerée à café de sel*
- *1/2 litre de vinaigre de sucre (que l'on peut sans dommage remplacer par du vinaigre d'alcool)*

Laver les mangues et les couper en tranches ; éplucher les pommes et les couper en tranches, de même que les bananes ; éplucher les oignons et les hacher grossièrement.
Mettre à cuire les mangues, les pommes et les oignons dans la moitié du vinaigre. Porter à ébullition et laisser frémir 1/2 heure ou jusqu'à ce que les oignons deviennent tendres.
Hors du feu, ajouter les bananes, le gingembre, le sucre, le sel et le reste du vinaigre. Remettre à cuire à feu doux en remuant constamment jusqu'à ce que le sucre soit dissous.
Laisser encore frémir pendant environ 1 heure ou jusqu'à ce que le mélange épaississe. Verser dans les bocaux et les fermer.

— Sauce piccalilli —

- *1 chou-fleur*
- *1 concombre*
- *100 g de cornichons au vinaigre*
- *200 g de carottes*
- *200 g de tout petits oignons blancs*
- *1 petit céleri en branche*
- *125 g de sucre en poudre*
- *2 cuillerées à soupe de moutarde forte*
- *2 cuillerées à soupe de sel fin*
- *1/2 litre de vinaigre de vin + 2 cuillerées à soupe*
- *1 cuillerée à soupe de toute-épice*
- *1 cuillerée à café de curcuma*
- *1 cuillerée à café de gingembre râpé*
- *2 cuillerées à soupe de farine de mais*

Laver et égoutter les légumes, puis les éplucher et les couper en tout petits morceaux, à l'exception des oignons, qui doivent rester entiers.

Les saupoudrer de sel et les laisser dégorger pendant une nuit (12 heures). Égoutter.

Faire bouillir le 1/2 litre de vinaigre avec la toute-épice. Ajouter le sucre, puis les légumes.

Délayer les autres épices dans un bol avec 2 cuillerées à soupe de vinaigre épicé. Ajouter la pâte obtenue aux légumes. Bien mélanger, et moutarder. Laisser mijoter 1/2 heure à feu très doux (les légumes doivent demeurer un petit peu croquants).

Verser dans les bocaux. Laisser refroidir avant de les boucher.

— Chutney de mangue « ultra-hot » — Une décoiffante recette anglo-indienne que son auteur, un colonel de l'armée des Indes, dit « trop puissante pour être confiée aux mains des cuisiniers indigènes ».

- *3 mangues vertes*
- *250 g de sel*
- *250 g de sucre en poudre*
- *250 g de raisins secs*
- *120 g de piment rouge*
- *120 g d'ail haché*
- *360 g de gingembre frais*
- *3 litres de vinaigre*
- *1/2 litre de jus de citron vert*

Couper les mangues vertes en tranches. Ajouter le sel, le sucre, les raisins secs, le piment rouge, l'ail, le gingembre et les piler ensemble. Verser le vinaigre et le jus de citron vert. Boucher le récipient et le laisser reposer au soleil pendant 1 mois en le secouant chaque jour.

Au bout de 1 mois, ouvrir et filtrer. La partie liquide donne une sauce très épicée que l'on mettra en bouteilles, et le résidu, un excellent chutney que l'on conservera dans des bocaux hermétiquement bouchés.

Sauces de cuisson

Marinades : Chaque cuisinière ou presque possède sa propre recette, mais toutes présentent des points communs, parmi lesquels la présence de vinaigre, qui permet d'attendrir une viande souvent dure.

On laisse en général les viandes mariner pendant deux à douze heures suivant les morceaux et les recettes. Bon à savoir : une marinade bien faite peut permettre de donner une saveur de gibier à une viande de boucherie.

Voici les deux recettes les plus classiques ; la première nécessite une cuisson, la seconde non.

— Marinade cuite —

- *1 litre de vin*
- *1 verre de vinaigre*
- *1 carotte coupée en rondelles*
- *1 oignon émincé*
- *1 petite gousse d'ail émincée (facultatif)*
- *4 clous de girofle*
- *1 branche de thym (frais ou séché)*
- *2 feuilles de laurier*
- *8 grains de poivre noir ou 1 cuillerée à café de poivre noir moulu*

Faire cuire tous les ingrédients ensemble, puis laisser refroidir la marinade avant d'y plonger la pièce de viande à mariner.

— Marinade sans cuisson —

- *2 verres de vinaigre*
- *Huile (suffisamment pour napper le morceau de viande)*
- *1 oignon coupé en tranches ou 2 échalotes*
- *1 petite gousse d'ail émincée (facultatif)*
- *4 clous de girofle*
- *1 bouquet garni*
- *Sel, poivre*

Saler et poivrer le morceau de viande à mariner, puis le disposer dans un plat. Recouvrir la viande avec l'oignon, l'ail, le thym et les épices, puis arroser de vinaigre et d'huile. Retourner le morceau régulièrement.

— Sauce pour cuisson au gril —

Cette sauce sert à badigeonner avant et pendant leur cuisson les aliments cuits au gril. On peut éventuellement aussi l'utiliser comme marinade.

- *2 cuillerées à soupe de vinaigre de cidre*
- *3 cuillerées à soupe d'huile de tournesol ou d'arachide*
- *Sel, poivre*

Mélanger tous ces ingrédients. Ceux qui aiment les saveurs plus relevées pourront ajouter à cette sauce un soupçon de piment de Cayenne.

Pour les citadins en mal de grands espaces qui souhaiteraient donner à leurs viandes cuites au gril électrique la saveur de morceaux cuits au barbecue, on vend dans le commerce des adjuvants liquides qui restituent la saveur « fumée » que confère une cuisson au feu de bois.

— Court-bouillon de base —

(Pour 2, 5 kg de poisson)

- *2 litres d'eau*
- *10 cuillerées à soupe de vinaigre*
- *1 carotte coupée en rondelles*
- *1 oignon coupé en tranches ou piqué de clous de girofle*
- *3 branches de persil*
- *1 branche de thym*
- *1 feuille de laurier*
- *10 grains de poivre noir*
- *Sel*

Faire bouillir tous les ingrédients ensemble. Ajouter le poisson ou les crustacés.

Les recettes de courts-bouillons sont innombrables et chacun possède son « secret » (la part du vinaigre passe par exemple, suivant les recettes, d'une cuillerée à soupe à 1 verre par litre).

— Court-bouillon au vin blanc —

- *1 litre d'eau*
- *1 litre de vin blanc*
- *1/2 verre de vinaigre*
- *1 carotte coupée en rondelles*
- *1 oignon coupé en tranches*
- *Bouquet garni*
- *10 grains de poivre noir*
- *Sel*
- *1 petit piment oiseau (facultatif)*

Faire bouillir tous les ingrédients ensemble pendant 5 minutes. Ajouter le poisson ou les crustacés.

— Court-bouillon aux herbes —

- *1 litre d'eau*
- *1/2 litre de vin blanc*
- *1 verre de vinaigre de vin blanc*
- *1 cuillerée à soupe de chacune des herbes suivantes : persil, cerfeuil, ciboulette, menthe, coriandre et aneth*
- *Sel, poivre*

Porter à ébullition l'eau chaude, le vinaigre et le vin blanc. Ajouter en même temps le poisson et les fines herbes ciselées.

Pickles (Fruits et légumes au vinaigre)

Tous les légumes et fruits peuvent être confits au vinaigre : les cornichons, les câpres (on conserve les tendres boutons floraux du câprier dans un mélange de vinaigre et de saumure depuis le XVe siècle) et les petits oignons blancs, mais aussi des végétaux aussi divers que les jeunes épis de maïs, les petits artichauts, les aubergines, les choux, choux-fleurs ou choux de Bruxelles, les carottes, les haricots, les gombos, les courges, les betteraves, les asperges, les griottes, les pêches, ou les dattes et même, en Angleterre et en Italie, les noix vertes.

Citons aussi des curiosités comme les pickles de boutons de rose ou de capucine, de fleurs de genêt ou de fleurs de grenade.

Les pickles de fruits sont surtout originaires des pays germaniques, où on les consomme traditionnellement avec la viande froide et le gibier.

Conseils préliminaires

Choix des légumes ou des fruits

Utilisez toujours des légumes frais et parfaitement sains. Plus vous les choisirez jeunes, plus ils seront croquants.

Lavez-les toujours à l'eau vinaigrée, pour les débarrasser de tout résidu éventuel d'engrais ou de pesticides et pour en chasser les éventuels insectes ou vers.

Choix du vinaigre

Contrairement à une idée reçue, il ne faut pas utiliser un vinaigre trop fort, tel que du vinaigre cristal à 8°, sous peine d'obtenir des pickles immangeables car trop acides. Mieux vaut opter pour du vinaigre d'alcool à 6° ou, mieux encore, pour du vinaigre de vin blanc ou de cidre, plus onéreux, mais qui donnent des conserves plus délicates.

Faire dégorger les légumes

Nombre de légumes doivent tout d'abord être mis à dégorger.

Si vous utilisez de la saumure, prenez garde de ne pas trop la saler, car cela durcit les légumes. On compte en règle générale quatre cuillerées à soupe de gros sel par litre d'eau.

Si vous les faites simplement dégorger au sel, veillez à bien les éponger après avec un torchon propre, pour éliminer une quantité maximale de sel. N'hésitez pas à les frotter vigoureusement (sans tout de même les abîmer !).

Pour ce qui est du choix du sel que vous utiliserez, préférez les sels spéciaux pour conserves, le sel « casher » — ou, tout simplement, le sel gemme — au sel de mer car l'iode que ce dernier contient risque de noircir les aliments.

Assaisonnement du vinaigre dans lequel ils seront plongés

Le choix des épices et assaisonnements est fonction du goût de chacun, tout comme l'ajout ou non de sucre, ou le choix du vinaigre utilisé. N'hésitez pas à expérimenter des combinaisons nouvelles. Prenez garde toutefois de ne pas trop diluer le vinaigre, sinon il perdra ses propriétés conservatrices.

Les épices et condiments le plus fréquemment utilisés sont les grains de poivre, l'oignon, les clous de girofle, le poivron, le piment de Cayenne et les autres variétés de piments, la toute-épice, la moutarde (en graines ou en poudre), l'ail, l'origan, le laurier, l'aneth, le genièvre, le fenouil, le safran, le basilic, le paprika, etc.

Pour obtenir des pickles plus doux, on ajoute à la marinade dans laquelle on conservera les légumes un peu de sucre, de la cassonade ou du miel.

Attention : les fruits doivent toujours être totalement recouverts de vinaigre.

Choix des bocaux

Utiliser de préférence des bocaux à conserves en verre munis d'un couvercle à levier avec joint de caoutchouc. Les pickles doivent en effet être conservés dans des récipients hermétiquement clos car si le vinaigre qui les protège s'évente, il perdra ses propriétés conservatrices.

Il est indispensable, pour la bonne conservation des pickles, de stériliser les bocaux en les ébouillantant avant d'y placer les légumes. Rassurez-vous, cette opération n'a rien de compliqué : il suffit de verser de l'eau bouillante dans les bocaux, puis de les vider et de les mettre à sécher à l'envers sur un torchon propre.

Les recettes données ci-après pour les pickles s'entendent, sauf indication contraire, pour un bocal de un litre.

— *Cornichons au vinaigre* —

Il existe des centaines de recettes de cornichons et on ne compte plus les « trucs » destinés à préserver au mieux leur croquant. Certaines recettes recommandent même de les faire pocher quelques minutes dans du vinaigre bouillant, voire de les faire carrément cuire dans du vinaigre épicé.

Je ne citerai ici que la méthode employée, dit-on, par la maison Maille depuis le XVIIIe siècle, qui consiste à verser, trois jours d'affilée, du vinaigre bouillant (épicé ou pur) sur les cornichons.

- *Cornichons en quantité suffisante pour remplir le bocal*
- *200 g de sel fin*
- *1/2 litre de vinaigre d'alcool ou de vin blanc*
- *5 petits oignons grelots*
- *1 petite carotte coupée en rondelles*
- *10 grains de poivre noir*
- *2 clous de girofle*
- *1 branche d'estragon frais*
- *1 petit piment oiseau*
- *(Auxquels on peut ajouter, si on le souhaite, une petite gousse d'ail entière, quelques bouquets de chou-fleur, une feuille de laurier, ou tout autre aromate ou épice)*

Brosser les cornichons à l'aide d'une petite brosse dure, les laver et les essuyer.
Les disposer dans un récipient creux, les saupoudrer de sel et les laisser dégorger pendant 12 heures (une nuit).
Les égoutter, puis les essuyer soigneusement pour les débarrasser de l'excédent de sel.
Les placer dans un bocal avec les aromates. Faire bouillir le vinaigre et le verser chaud dans le boçal. Laisser refroidir avant de boucher.
Attendre au moins 1 mois, de préférence 2, avant de consommer ces cornichons.

— Concombres à la russe —

- *1 kg de petits concombres (ou de gros cornichons)*
- *1 litre d'eau*
- *60 g de sel*
- *1/2 litre de vinaigre d'alcool*
- *50 g de sucre en poudre*
- *3 petits oignons grelots*
- *1 petite gousse d'ail entière*
- *2 branches d'aneth*
- *10 baies de genièvre*
- *10 grains de poivre noir*

Brosser, laver et essuyer les concombres et les faire dégorger dans une saumure composée de 1 litre d'eau et de 60 g de sel pendant 24 heures.

Faire bouillir le vinaigre avec les aromates et le sucre.

Égoutter les concombres et les mettre dans le bocal, puis les recouvrir du vinaigre sucré et épicé. Ajouter les petits oignons et l'ail épluchés mais laissés entiers. Laisser refroidir.

Laisser reposer quelques semaines avant de goûter.

Cette recette peut aussi être confectionnée avec des concombres coupés en tranches, solution bien pratique lorsqu'on ne trouve pas de concombres suffisamment petits (attention, il ne faut pas pour autant utiliser les gros concombres que l'on consomme habituellement en crudités, car leur cœur est beaucoup trop mou) ou que l'on ne dispose que de bocaux étroits.

— *Petits oignons au vinaigre* —

- *1 kg de petits oignons blancs*
- *1/2 litre de vinaigre d'alcool blanc*
- *1 branche d'estragon*
- *8 grains de poivre noir*
- *1 poivron rouge*
- *sel*

Faire bouillir le vinaigre pendant 5 minutes, puis le laisser refroidir.
Éplucher, laver et essuyer les oignons, puis les faire blanchir à l'eau bouillante légèrement salée pendant 2 minutes environ. Les égoutter.
Les disposer dans le bocal, ajouter les épices, l'estragon et le vinaigre.
Attendre 2 mois avant de les consommer.
Une autre recette conseille de verser le vinaigre bouillant sur les oignons, puis, après 24 heures de macération, de filtrer le vinaigre et de le faire de nouveau bouillir avant de le reverser dans le bocal. Il faut alors attendre que le mélange refroidisse pour fermer le bocal.

— *Chou au vinaigre* —

- *1 chou*
- *1/2 litre de vinaigre*
- *200 g de gros sel*
- *4 clous de girofle (facultatif)*

Laver le chou et le couper en lanières. En disposer une couche au fond d'un bocal et le recouvrir de gros sel. Continuer en alternant chou et sel, puis remplir le bocal de vinaigre. Ajouter, le cas échéant, les clous de girofle.

— *Poivrons tricolores au vinaigre* —

- *500 g de poivrons rouges*
- *250 g de poivrons verts*
- *250 g de poivrons jaunes*
- *1/2 litre de vinaigre d'alcool blanc*
- *1 cuillerée à soupe de sel*
- *8 grains de poivre*
- *1 branche de thym*
- *1 branche de sarriette*
- *1 branche d'origan*
- *1/4 litre d'huile d'olive*

Laver et épépiner les poivrons et les couper en lanières.

Faire bouillir le vinaigre avec 2 cuillerées à café d'huile et le sel et mettre les poivrons à cuire dedans pendant 7 minutes. Les égoutter.

Les placer dans un bocal avec le poivre, les herbes et les épices. Tasser et recouvrir d'huile d'olive.

— *Poivrons au vinaigre à l'italienne* —

- *1 kg de poivrons verts*
- *1/2 litre de vinaigre de vin*
- *1 gousse d'ail*
- *1 branche d'estragon*

Laisser sécher les poivrons pendant 6 heures environ. Les équeuter et les épépiner. Les placer dans un bocal et les recouvrir de 1/2 litre de bon vinaigre.

Après 15 jours de macération, filtrer et jeter le vinaigre, car les poivrons rejettent en dégorgeant un « suc » qui le dénature. Le remplacer par du vinaigre neuf et ajouter l'ail et l'estragon.

— Chou rouge au vinaigre —

- *1 chou rouge*
- *1 litre + 1/2 litre d'eau*
- *60 g + 30 g de gros sel*
- *1/2 litre + 1 verre de vinaigre d'alcool*
- *10 baies de genièvre*
- *1 branche d'aneth*

Hacher le chou rouge à la machine puis le mettre à tremper dans une saumure vinaigrée confectionnée en mélangeant 1 litre d'eau, 60 g de gros sel et 1 verre de vinaigre. Laisser dégorger pendant 12 heures, puis égoutter.
Placer dans le bocal, ajouter le genièvre et l'aneth.
Faire bouillir ensemble 1/2 litre d'eau, 1/2 litre de vinaigre et 30 g de sel, puis laisser refroidir. Verser sur le chou rouge.

— Betteraves et raifort marinés à la russe —

(Pour un petit bocal)

- *4 betteraves cuites*
- *1 raifort*
- *1/2 litre de vinaigre d'alcool*
- *5 grains de poivre noir*

Peler et râper le raifort. Couper les betteraves en rondelles. Disposer dans le bocal une couche de betterave, une couche de raifort râpé et continuer en alternant jusqu'à ce que le bocal soit plein. Ajouter les grains de poivre.
Faire bouillir le vinaigre et le verser chaud sur les légumes. Laisser mariner pendant au moins 24 heures.

— *Condiments vinaigrés à la japonaise* — (Tsukemono)

- *1 kg de légumes de votre choix (choux, choux-fleurs, poivrons, oignons, échalotes, gingembre, navets...)*
- *200 g de sel*
- *1/2 litre de vinaigre de riz*
- *100 g de sucre en poudre*
- *1 petit piment rouge*

On commence par faire dégorger les légumes, préalablement nettoyés et épluchés, dans le sel. On utilise pour ce faire un récipient spécial muni d'un couvercle de bois un peu trop petit (appelé *tsukemonoishi*) sur lequel on pose un poids afin de bien écraser les légumes. Si vous n'en possédez pas, ce qui paraît probable, vous pourrez le remplacer par un saladier ou un plat creux et une assiette de diamètre légèrement inférieur, sur laquelle vous placerez un poids.

Après 24 heures de ce traitement, égoutter les légumes, puis les disposer dans un bocal.

Faire bouillir le vinaigre avec le sucre et le piment rouge, puis le verser sur les légumes.

Ces *tsukemono* sont consommables au bout d'un mois.

— Pickles de légumes variés —

- *200 g de chou-fleur en bouquets*
- *200 g de carottes coupées en bâtonnets*
- *200 g de petits oignons blancs entiers*
- *100 g de céleri épluché et coupé en tronçons*
- *100 g de chou blanc coupé en lanières*
- *100 g de maïs miniature*
- *60 g de gros sel*
- *1 litre d'eau*
- *1/2 litre de vinaigre de vin blanc*
- *1 branche d'estragon*
- *6 grains de poivre*
- *3 clous de girofle*
- *1 petit piment oiseau*

Préparer la saumure en mélangeant l'eau et le sel et en les portant à ébullition. Laisser refroidir, plonger les légumes dans cette saumure et les recouvrir d'une assiette lestée d'un poids. Laisser reposer pendant 24 heures.
Rincer et égoutter les légumes, puis les disposer dans un bocal avec les épices et recouvrir de vinaigre.
Ces pickles peuvent être consommés 2 mois après leur préparation, mais si vous faites preuve d'un peu plus de patience, ils n'en seront que plus parfumés.

— Perce-pierre au vinaigre —

- *Feuilles de perce-pierre (aussi appelé criste-marine) ou de salicorne en quantité suffisante pour remplir le bocal aux trois quarts*
- *2 branches d'estragon*
- *1 litre de vinaigre de vin blanc*
- *Une poignée de gros sel*

Faire bouillir le vinaigre. Remplir le bocal aux trois quarts de feuilles de perce-pierre. Ajouter l'estragon, le gros sel et le vinaigre bouillant. Laisser reposer pendant 12 heures.
Filtrer. Faire de nouveau bouillir le vinaigre et le reverser dans le bocal.
Laisser macérer pendant 2 semaines avant de consommer.

— Estragon au vinaigre —

- *1 poignée de branches d'estragon*
- *60 g de sel*
- *1 litre de vinaigre de vin blanc*

Bien laver les branches d'estragon. Les blanchir pendant 2 minutes dans de l'eau bouillante légèrement salée. Égoutter et laisser refroidir.
Mettre l'estragon dans une bouteille et le recouvrir de bon vinaigre de vin, salé à raison de 60 g de sel par litre de vinaigre. Faire bouillir au bain-marie et laisser refroidir avant de boucher.
Cet estragon confit remplace sans problème l'estragon frais dans les salades ou les préparations culinaires telles que la sauce béarnaise.

— Girolles au vinaigre —

- *Girolles (chanterelles jaunes) ou autres champignons des bois en quantité suffisante pour remplir le bocal*
- *3/4 de litre de vinaigre*
- *6 grains de poivre noir*
- *1 branche d'estragon*
- *2 petits piments oiseaux*
- *3 petits oignons grelots*

Trier les girolles, car seuls les champignons de petite taille et parfaitement sains se prêtent à une mise en conserve. Les nettoyer et les débarrasser de leur pied terreux, puis les mettre à tremper dans de l'eau froide vinaigrée afin de chasser les éventuels vers. Les égoutter, puis les mettre dans le bocal avec le vinaigre et les aromates.

— Cerises au vinaigre —

- *Cerises en quantité suffisante pour remplir le bocal*
- *250 g de sucre en poudre*
- *1 litre de bon vinaigre de vin*

Faire bouillir ensemble le vinaigre et le sucre pendant quelques minutes. Laisser refroidir.
Équeuter les cerises puis en remplir le bocal. Recouvrir du vinaigre sucré refroidi.
Cette recette peut aussi se faire avec des grains de raisin fermes (du muscat, par exemple).

— Cerises à la flamande —

- *Cerises en quantité suffisante pour remplir le bocal*
- *200 g de sucre en poudre*
- *1 litre de vinaigre de vin*
- *1 branche d'estragon*
- *1 bâtonnet de cannelle*
- *Une pincée de noix de muscade râpée ou en poudre*
- *2 ou 3 feuilles de menthe*
- *3 clous de girofle*

Couper les queues des cerises à 2 cm environ du fruit. Les nettoyer une à une à l'aide d'un torchon propre. *Ne pas les laver.* Les disposer dans un bocal préalablement ébouillanté.
Porter à ébullition dans une casserole le vinaigre, le sucre et les aromates. Laisser bouillir quelques minutes, puis mettre à refroidir. Verser sur les cerises de manière à les recouvrir complètement.
Laisser macérer pendant une dizaine de jours au moins avant de les consommer.

— Prunes au vinaigre —

- *Prunes en quantité suffisante pour remplir le bocal (préférer des variétés à chair ferme, comme les prunes noires, les quetsches ou les prunes du Cap)*
- *250 g de sucre en poudre*
- *1 litre de bon vinaigre de vin*

Porter à ébullition le vinaigre et le sucre.
Piquer la peau des prunes, puis les mettre à pocher hors du feu dans le mélange bouillant. Laisser refroidir, puis verser dans le bocal.

— Mangues au vinaigre —

- *500 g de mangues*
- *100 g de sucre en poudre*
- *2 petits piments rouges forts*
- *2 clous de girofle*
- *1 pincée de cannelle*
- *1 litre de vinaigre*

Éplucher et dénoyauter les mangues et les couper en petits dés.
Faire cuire ensemble le vinaigre, le sucre et les épices, puis ajouter la mangue et retirer du feu. Laisser refroidir et verser dans le bocal.

— *Griottes au vinaigre* —

(Pour 2 kg de fruits)

- *2 kg de griottes (à défaut, on pourra utiliser d'autres variétés de cerises peu sucrées)*
- *1/2 litre de vinaigre*
- *1 kg de sucre roux (de préférence) en poudre*
- *1 bâtonnet de cannelle*
- *1 morceau de gingembre de 3 à 5 cm de long*
- *6 clous de girofle*

Dénoyauter les griottes ou, si l'on manque de courage pour accomplir cette tâche fastidieuse, leur fendre simplement la peau.

Placer la cannelle, le gingembre et les clous de girofle dans un sachet de mousseline (ou un morceau de gaze lié à son sommet). Faire bouillir ensemble à couvert pendant 10 minutes le vinaigre, le sucre et le sachet d'épices.

Ôter les épices et plonger les griottes dans la casserole. Laisser frémir 5 minutes. Retirer les fruits à l'aide d'une écumoire et les disposer dans les bocaux.

Faire réduire le vinaigre sucré et épicé jusqu'à ce qu'il prenne une consistance sirupeuse et le verser sur les griottes. Fermer aussitôt les bocaux et laisser macérer pendant au moins 3 semaines avant de consommer les griottes.

Les fruits préparés selon cette recette se conservent au moins 1 an. Dans les pays germaniques, ces condiments aigres-doux accompagnent la viande. Ils se marieront agréablement avec le gibier, mais aussi les viandes froides, auxquelles ils apporteront une touche plus originale que les classiques cornichons.

Potage

— *Le Bortsch* —

- *1 litre de bouillon de bœuf*
- *1 cuillerée à soupe de vinaigre*
- *250 g de betterave rouge cuite et râpée*
- *200 g de chou haché*
- *2 oignons hachés*
- *Crème aigre (mélanger moitié crème moitié yaourt)*
- *Sel, poivre*

Faire cuire les oignons dans le bouillon additionné de vinaigre pendant 10 minutes. Ajouter le chou et la betterave et laisser mijoter 20 minutes. Rectifier l'assaisonnement et rajouter de l'eau ou du bouillon si le potage a trop réduit. Le bortsch est prêt lorsque le chou est cuit.
Ajouter une cuillerée de crème aigre dans chaque assiette de potage.

Œufs

— *Œufs pochés* —

- *12 œufs (2 par personne)*
- *2 cuillerées à soupe de vinaigre*
- *1 litre d'eau*
- *1 pincée de sel*

Porter à ébullition l'eau additionnée de sel et de vinaigre. Réduire la flamme. Casser les œufs un à un dans une soucoupe et les faire glisser délicatement dans l'eau frémissante. Les laisser cuire 3 minutes, puis les retirer de l'eau à l'aide d'une écumoire. Les réserver au chaud.
L'ajout de vinaigre dans l'eau de cuisson accélère la coagulation de la partie extérieure du blanc d'œuf, ce qui évite à celui-ci de « s'effilocher » et donne aux œufs pochés un aspect plus net.

— Œufs au beurre noir —

- *2 œufs par personne*
- *20 g de beurre*
- *1 cuillerée à soupe de vinaigre de vin*

Cette variante populaire des œufs au plat se distingue par le fait qu'on casse les œufs dans un mélange de beurre roussi et de vinaigre.

— Œufs au vinaigre —

(Une bonne idée pour apporter une touche d'originalité aux pique-niques... ou en cas de panne de réfrigérateur.)

- *1 douzaine d'œufs durs écalés*
- *1 litre de vinaigre*
- *1 cuillerée à café de poivre noir en grains*
- *1 cuillerée à soupe de toute-épice en graines*
- *Un bon morceau de gingembre frais*

Faire bouillir le vinaigre, le poivre, la toute-épice et le gingembre pendant 1/2 heure. Ajouter les œufs et laisser encore frémir pendant 10 minutes.

Disposer les œufs dans un bocal et les recouvrir du vinaigre et des épices. Fermer le bocal et l'entreposer au frais. Ces œufs sont bons à consommer au bout de 4 jours et se conservent plusieurs semaines.

Poissons et crustacés

— *Poisson froid mariné* —

- *500 g de poisson froid (poché ou frit)*
- *85 cl de vinaigre de vin*
- *165 cl d'eau*
- *3 cuillerées à soupe d'huile d'arachide ou de tournesol*
- *Quelques rondelles d'oignon cru*
- *1 tranche de citron*
- *1 feuille de laurier*
- *1 cuillerée à café de poivre noir en grains*
- *Quelques clous de girofle*
- *Sel, poivre*

Couper le poisson en morceaux et le disposer dans un plat en le garnissant d'oignon, de citron, de laurier et d'épices. Verser dessus l'huile, puis le vinaigre mélangé à l'eau et laisser mariner pendant 1 ou 2 heures en retournant les morceaux de temps à autre. Égoutter et servir la marinade à part, en guise de sauce.

— *Maquereau « cuit » au vinaigre* —
(Shimé-saba)

- *800 à 900 g de filets de maquereau*
- *1/4 de litre de vinaigre de riz*
- *3 cuillerées à soupe de sucre en poudre*
- *50 g de radis japonais* (daikon)
- *2 petites carottes*

Couper les filets de maquereau en tranches de 1 cm d'épaisseur. Les saupoudrer de sel et les laisser dégorger au réfrigérateur pendant 3 à 4 heures. Éponger l'excès de sel. Mélanger les trois quarts du vinaigre, 2 cuillerées à soupe de sucre et, le cas échéant, le glutamate, les verser sur le poisson et laisser mariner pendant une bonne demi-heure.
L'acide du vinaigre va produire le même effet qu'une cuisson :

- *1 oignon-tige ou cébette*
- *1 morceau de 5 cm de gingembre*
- *Sel*
- *1 pincée de glutamate de sodium (facultatif)*

Pour la sauce :

- *10 cl de sauce de soja claire*
- Wasabi *(moutarde japonaise au raifort)*

la chair du poisson s'opacifie et prend une consistance ferme. Couper les légumes en julienne, et l'oignon nouveau en tronçons. Préparer la sauce en faisant réduire pendant quelques minutes à feu très doux le reste du vinaigre et du sucre et la valeur de 1/2 cuillerée à café de gingembre râpé. Servir le poisson garni des légumes et du reste du gingembre coupé en lamelles, et accompagné de la sauce, que chaque convive relèvera à son goût d'un peu de *wasabi*.

— *Sushis* —

La tradition veut qu'il faille dix années à un apprenti cuisinier pour maîtriser la préparation de ces petits rouleaux de riz au vinaigre garnis d'un morceau de poisson cru, d'omelette ou de concombre, et presque autant pour simplement apprendre à faire cuire le riz utilisé. Sans prétendre à de tels niveaux d'excellence, il est

Bien rincer le riz à l'eau, puis le laisser égoutter pendant 1 heure.
Le placer avec l'eau et, le cas échéant, le *kombu*, dans une casserole à fond épais. Ôter l'algue dès la reprise de l'ébullition. Couvrir la casserole et laisser frémir pendant 15 à 20 minutes. Le riz pour les sushis doit être à peine cuit : dès qu'il commence à devenir tendre, éteindre le feu et le laisser reposer 10 minutes à couvert.
Dans une seconde casserole, mélanger le vinaigre, le sucre, le sel et, le cas échéant, le glutamate, et les porter à ébullition. Ôter du feu.

tout à fait possible d'en confectionner de savoureux.
Bien cuire le riz est avant tout affaire de proportions. On compte toujours 4 volumes d'eau pour 3 volumes de riz cru. L'instrument de mesure idéal n'est donc pas une balance, mais un verre doseur. Pour simplifier les choses, on utilisera pour cette recette la marque « 1/4 de litre ». (Si vous ne possédez pas de verre doseur, utilisez un simple grand verre à moutarde, d'une contenance de 1/4 de litre.)

- *« 3/4 de litre » de riz cru*
- *1 litre d'eau*
- *80 cl de vinaigre de riz*
- *2 cuillerées à soupe de sucre*
- *1 1/2 cuillerée à café de sel*
- *1 pincée de glutamate de sodium (facultatif)*
- *1 morceau de* kombu *(du varech, une algue comestible ; facultatif)*

Transvaser le riz chaud dans un grand récipient creux (idéalement un récipient en bois) et verser l'assaisonnement à base de vinaigre dessus. Bien mélanger en aérant le riz afin qu'il refroidisse simultanément. Les virtuoses du sushi se servent pour ce faire d'un éventail.
Il ne reste plus alors qu'à préparer les sushis proprement dits, c'est-à-dire à les mouler et à les garnir. C'est l'objet de la recette suivante.

— *Nigiri-zushi* —
(Riz à sushi)

- *6 grosses crevettes crues*
- *500 g de poisson (thon, saumon, maquereau, etc.) ou de fruits de mer (calmars, poulpe, ormeaux) extrêmement frais. Demandez à votre poissonnier de les détailler en filets de 1/2 cm à 1 cm d'épaisseur*
- *60 g de moutarde japonaise au raifort (*wasabi*)*
- *Gingembre confit dans du vinaigre (dans les magasins de produits japonais) ou gingembre frais râpé*
- *Sauce de soja*

Plonger les crevettes dans de l'eau bouillante jusqu'à ce qu'elles deviennent roses, puis les égoutter (elles doivent être juste pochées), les éplucher sans endommager leur queue et fendre leur face ventrale de manière à les nettoyer et à les aplatir.

Couper les filets de poisson en rectangles d'environ 5 cm sur 3. Couper les fruits de mer en tranches très fines. On les consommera crus ou brièvement pochés à l'eau bouillante. Si votre moutarde au raifort se présente sous forme de poudre, la diluer dans un peu d'eau afin d'obtenir une pâte.

Humectez vos mains pour éviter que le riz ne colle à vos doigts et moulez-le en cylindres d'environ 5 cm de long pour 3 cm de diamètre.

Mettez six boulettes de riz à part, pour les crevettes, et enduisez le sommet des autres d'un peu de moutarde au raifort (on n'en utilise pas avec les crevettes), puis disposez les filets de poisson et fruits de mer par-dessus.

Vos sushis sont prêts et doivent être consommés très rapidement. Servez-les accompagnés de sauce de soja disposée dans des coupelles individuelles dans lesquelles chaque convive trempera ses sushis, et de gingembre, destiné à se rafraîchir la bouche de manière à mieux apprécier le goût particulier de chaque sushi.

On sert souvent avec les sushis au poisson des sushis à l'omelette. Ils se préparent de manière identique avant d'être garnis d'un rectangle d'omelette sucrée-salée, que l'on confectionne en battant 2 œufs avec 1 pincée de sel, 1 de sucre et 1 de glutamate et en les faisant cuire dans une petite poêle légèrement huilée.

Certains sushis sont servis roulés dans une feuille d'algue *nori*. Dans ce cas, le poisson, l'œuf ou le concombre sont placés au cœur du riz. Ce type de sushi, plus difficile à réaliser car il se prépare à l'aide d'un *makisu*, sorte de natte de bambou miniature que l'on garnit de riz avant de l'enrouler sur elle-même (en vente dans les magasins de produits exotiques), s'appelle *makizushi*.

Une solution beaucoup plus simple pour les non-initiés consiste à rouler la feuille d'algue en un simple cône (*temakizushi*).

— Brochet au bleu —

- *Brochet (compter environ 200 g par personne)*
- *1 litre de vinaigre de vin blanc*
- *Court-bouillon (voir recettes dans la partie consacrée aux sauces de cuisson)*
- *1/4 de litre de vin rouge (facultatif)*

Vider et préparer le brochet.
Faire bouillir le vinaigre et mettre le brochet à pocher dedans pendant 5 minutes. Égoutter.
Terminer la cuisson du brochet (15 minutes par 500 g) dans un court-bouillon au vinaigre, de préférence additionné de vin rouge.
On peut aussi réaliser cette recette avec des carpes ou des truites.

— Crevettes à la sauce aigre-douce —

- *12 crevettes*
- *2 cuillerées à soupe de vinaigre*
- *1 1/2 cuillerée à café de sucre en poudre*
- *2 1/2 cuillerées à soupe de sauce de soja claire*
- *1 pincée de sel*
- *1 pincée de glutamate de sodium*
- *1 cuillerée à café de graines de sésame blanches*
- *1 petit morceau de gingembre*

Faire pocher les crevettes à l'eau bouillante jusqu'à ce qu'elles changent de couleur, puis les égoutter et les éplucher.
Mélanger dans une casserole le vinaigre, le sucre, le sel et le glutamate et faire chauffer jusqu'à ce que le sucre soit dissous. Verser sur les crevettes et les laisser mariner pendant au moins 1 heure.
Peler et émincer le gingembre et le faire cuire à feu très doux dans la sauce de soja. Faire griller les graines de sésame dans une poêle antiadhésive.
Servir les crevettes garnies de gingembre et de sésame.

Viandes

Le vinaigre entre dans la préparation d'une foule de recettes carnées. On l'utilise notamment volontiers pour déglacer les jus de viande rôtie, ou pour apporter une touche finale à un plat : un filet de vinaigre juste avant de servir un ragoût le relève délicatement.

— Poulet sauté au vinaigre —

- *1 poulet de 1,8 kg environ*
- *1 oignon de taille moyenne*
- *500 g de jeunes carottes*
- *500 g de navets nouveaux*
- *Bouquet garni*
- *50 g de beurre*
- *1 cuillerée à soupe de farine*
- *1/4 de litre de vinaigre de vin blanc ou de cidre*
- *1/3 de verre de vin blanc sec*

Découper le poulet cru. Éplucher les légumes. Couper l'oignon en tranches, les carottes en rondelles et les navets en gros cubes.
Faire pocher les légumes dans le vinaigre allongé d'une quantité équivalente d'eau pendant une dizaine de minutes. Dans une cocotte, faire revenir rapidement les morceaux de poulet dans le beurre jusqu'à ce qu'ils dorent, ajouter la farine en mélangeant bien, puis le vin blanc, les légumes et leur eau de cuisson et le bouquet garni. Couvrir et laisser mijoter à feu très doux pendant une bonne demi-heure (jusqu'à ce que le poulet soit bien cuit).
Si la sauce réduit trop et que poulet et légumes menacent d'attacher, rajouter un peu d'eau vinaigrée (mêmes proportions).

— Sauté de veau au vinaigre —

- *1,5 kg de sauté de veau*
- *250 g d'oignons*
- *60 g de beurre*
- *15 cl de vinaigre de vin*
- *1 branche de thym*
- *2 feuilles de laurier*
- *Sel, poivre*

Couper les oignons en petits morceaux.
Faire dorer la viande dans le beurre. Saler, poivrer.
Ajouter les oignons et les laisser blondir, puis ajouter les aromates et le vinaigre.
Mouiller avec un verre d'eau ou de bouillon, puis laisser mijoter à feu doux et à couvert pendant une bonne demi-heure. Si la viande menace d'attacher, il faudra rajouter un peu plus d'eau.

— Gigot laqué aux aromates —

- *1 gigot d'agneau de 1,5 kg*
- *25 cl de miel liquide*
- *10 cl de vinaigre de cidre*
- *2 cuillerées à soupe de sauce de soja*
- *1 cuillerée à dessert de gingembre râpé*
- *1 cuillerée à soupe de thym frais*
- *1 cuillerée à soupe de romarin frais*
- *1 feuille de laurier*
- *1 cuillerée à café de cumin en poudre ou pilé*
- *Sel, poivre*

Piler les épices et les aromates avec la sauce de soja, la moitié du vinaigre et la moitié du miel.
Saler et poivrer le gigot, puis le badigeonner avec la sauce ainsi obtenue. Le mettre au four préchauffé (thermostat n° 6) et le laisser cuire 1 heure environ en le retournant et en l'arrosant de temps à autre.
Juste avant de servir, déglacer le plat avec le reste du vinaigre et du miel, pour confectionner une sauce que l'on servira à part.

— *Foie de veau au vinaigre de Xérès* —

- *6 tranches de foie de veau*
- *20 petits oignons ou échalotes*
- *50 g de beurre*
- *1/2 verre de vinaigre de Xérès*
- *Sel, poivre*

Faire revenir à feu très doux les petits oignons coupés en morceaux dans le beurre (ils doivent dorer, mais pas noircir). Ajouter le foie de veau, saler, poivrer, et laisser cuire doucement.

Juste avant de servir, déglacer la poêle avec le vinaigre de Xérès.

— *Magret de canard au vinaigre de framboise* —

- *6 magrets de canard*
- *1 verre de vinaigre de framboise (ou de vinaigre de vin à la framboise)*
- *Sel, poivre*

Inciser la graisse des magrets jusqu'à la chair en formant un quadrillage, puis les disposer côté gras dans une poêle anti-adhésive bien chaude. Cuire à feu vif pendant 10 à 12 minutes en ôtant régulièrement la graisse fondue (ne la jetez surtout pas : elle pourra vous servir à préparer de succulentes pommes de terre sautées à la sarladaise). Retourner les magrets, saler, poivrer et les faire cuire encore 6 minutes environ.

Déglacer la poêle avec le vinaigre de framboise et servir les magrets nappés de la sauce ainsi obtenue.

— *Barbecue à la texane* —

(Pour 12 personnes)
- *1 kg de bœuf (morceaux à griller)*
- *1 poulet coupé en quatre*
- *6 saucisses à griller*
- *6 côtes de porc ou un morceau de travers de porc*

Pour la marinade du poulet et des côtes de porc :
- *1/8 de litre d'huile*
- *1/8 de litre de vinaigre de cidre*
- *1 cuillerée à café de sel*
- *1/2 cuillerée à café de poivre noir moulu*
- *2 cuillerées à soupe de sauce Worcestershire*
- *Un peu de Tabasco*
- *De la sauce pour cuisson au gril (voir recette sous la rubrique « Sauces de cuisson »)*
- *De la sauce barbecue (voir recette sous la rubrique « Sauces chaudes »)*

Préparer la marinade en mélangeant tous les ingrédients. Mettre à mariner le poulet et le porc au moins 2 heures avant le début de la cuisson.
Enduire toutes les pièces de viande de sauce pour cuisson et les faire griller en commençant par les plus volumineuses.
Cinq minutes avant la fin de leur cuisson, badigeonner le poulet et les côtes de porc de sauce barbecue.
Servir avec des haricots rouges cuits dans une sauce tomate épicée et des pommes de terre en robe des champs.

— *Langue de bœuf marinée au vinaigre* —

- *Une langue de bœuf cuite d'environ 1,3 kg*
- *10 grains de poivre noir*
- *1 morceau de gingembre frais de 5 cm de longueur*
- *6 clous de girofle*
- *1 cuillerée à café de chacun des ingrédients suivants : noix de muscade râpée, macis, thym, romarin, laurier, feuilles de sauge, sarriette, origan et persil*
- *2 cuillerées à soupe de gros sel*
- *3 citrons coupés en tranches*
- *1 litre de vinaigre de vin*
- *1 litre de vin blanc sec*

Faire bouillir les épices et les herbes aromatiques dans le vinaigre et le vin. Ajouter le sel et les citrons.

Couper la langue en tranches fines. Verser le vinaigre épicé dessus et la laisser mariner au réfrigérateur pendant 24 heures.

Autrefois, cette recette se faisait avec une langue entière et permettait de la conserver.

— *Porc aigre-doux à la cantonaise* —

- *1 kg de porc (collier)*
- *3 poivrons rouges coupés en lanières*
- *3 poivrons verts coupés en lanières*
- *6 oignons-tiges coupés en tronçons*
- *1 1/2 boîte d'ananas au naturel coupé en dés*
- *3 carottes coupées en bâtonnets*
- *90 g de champignons noirs*
- *3 gousses d'ail hachées*
- *6 cuillerées à soupe d'huile*
- *Farine*
- *1/3 de litre de vinaigre*
- *10 cuillerées à soupe de sucre en poudre*
- *3 cuillerées à soupe de sauce de soja*
- *3 cuillerées à soupe de ketchup*
- *Sauce Worcestershire*
- *Piment frais ou pâte de piment*

Couper la viande en cubes puis la faire pocher 15 minutes à l'eau bouillante.

Faire revenir l'ail à l'huile dans un wok ou dans une poêle. Ajouter la viande, la fariner, puis, lorsqu'elle est bien dorée, les poivrons, les oignons-tiges, les carottes, l'ananas et les champignons noirs.

Mélanger le vinaigre, la sauce de soja, le sucre et le ketchup et verser la sauce obtenue sur la viande et les légumes. Assaisonner de sauce Worcestershire et de piment.

Quelques curiosités

UN DESSERT AU VINAIGRE

— Pêches au vinaigre à la romaine — (Recette d'Apicius)

- *1 kg de pêches (ou d'abricots)*
- *3 cuillerées à soupe de miel*
- *3 1/2 cuillerées à soupe d'huile d'olive*
- *1/3 de litre de vin*
- *15 cl de vin doux*
- *3 1/2 cuillerées à soupe de vinaigre*
- *2 pincées de poivre*
- *2 cuillerées à soupe de feuilles de menthe*
- *1/2 cuillerée à café de germe de blé*

Faire tremper les pêches dans de l'eau froide pendant 2 heures.
Les faire cuire dans les autres ingrédients mélangés, excepté le germe de blé. Égoutter. Lier le jus avec le germe de blé, puis le reverser sur les fruits.

UNE BOISSON VINAIGRÉE

— Sirop de vinaigre framboisé —

- *Framboises en quantité suffisante pour remplir une cruche*
- *1/2 litre de bon vinaigre de vin*
- *Sucre en poudre*
- *1 bâtonnet de cannelle (facultatif)*

Remplir une cruche de framboises sans les écraser. Les recouvrir de bon vinaigre (les fruits doivent être entièrement immergés).

Laisser macérer pendant 8 jours, puis presser dans un linge pour bien exprimer tout le jus.

Peser et ajouter 1 kg de sucre par demi-kilo de jus et, le cas échéant, la cannelle. Faire fondre à feu doux jusqu'à obtenir une consistance sirupeuse.

Ce sirop framboisé s'utilise comme un sirop normal. On peut en préparer avec la plupart des fruits rouges (groseilles, fraises, mûres, etc.).

BIBLIOGRAPHIE

AMMER, Christine — *Fruitcakes and Couch Potatoes & Other Delicious Expressions* — Plume/Penguin, 1995.

APICIUS — *L'Art culinaire* — Budé.

ATHÉNÉE — *Le Banquet des sophistes*, Livre II — Budé.

BEAUJAUT, Jean-Dominique — *Énergétique alimentaire*, « Les cinq saveurs » — Guy Trédaniel, 1995.

BENOIST-MÉCHIN — *Cléopâtre ou le rêve évanoui* — Perrin.

BIBLE — Nb 6, 3 ; Ruth 2, 14 ; Ps 69, 22 ; Mat 27, 48 ; Marc 15, 36 ; Jean 19, 28-29 ; Luc 23, 36.

BOILEAU — *Satire III (Le Repas ridicule)* — 1664.

BRILLAT-SAVARIN — *Physiologie du goût* — (Méditation XXII), 1825.

CATON L'ANCIEN — *De l'agriculture* — Budé.

CLAUDON, E. — *Fabrication du vinaigre* — Paris, 1875.

CONTASSOT, A. H. — *Technique moderne de vinaigrerie* — J. B. Baillière et fils, 1942.

CORBIN, Alain — *Le Miasme et la jonquille* — Aubier Montaigne, 1982.

COURTIN-ROSSIGNOL — *Origine et historique de la fabrication du vinaigre dans l'Orléanais* — Orléans, 1891.

CRUESS, W. V. & JOSLYN, M. A. — *Home and Farm Preparations of Vinegar* — University of California, Berkeley, College of Agriculture, Agricultural Experiment Station, Circular 332, 1934, reprinted 1943.

DANGUY, Jules — *Les Vinaigres d'Orléans, simple étude* — Orléans, 1891.

DAVID, Elizabeth — *Spices, Salts & Aromatics in the English Kitchen* — Penguin, 1970.

DEMACHY, E. — *L'Art du vinaigrier* — Neuchâtel, 1780, réédité Paris, 1814.

DÉTIENNE, Marcel et VERNANT, Jean-Pierre — *La Cuisine du sacrifice en pays grec* — NRF, Bibliothèque des Histoires, 1979.

DOWELL, Philip et BAILEY, Adrian — *Book of Ingredients* — Mermaid Books, 1983.

Eating in Japan — Japan Travel Bureau, 1986.

FLANDRIN, Jean-Louis et MONTANARI, Massimo — *Histoire de l'alimentation* — Fayard, 1996.

FONTANILLE, Marie-Thérèse — *Avortement et contraception dans la médecine gréco-romaine*, Laboratoires Searle, 1977.

FRANKLIN, Alfred — *La Rue et les cris de Paris au XIIIe siècle* — Paris, 1887, réédité Paris, 1984.

GARDNER, John — *Acetic Acid and Vinegar, Ammonia and Alum* — Londres, 1885.

GODARD, Misette — *Le Goût de l'aigre* — Quai Voltaire Histoire, 1991.

JARVIS, Dr. — *Ces vieux remèdes qui guérissent* — Robert Laffont, 1958.

JARVIS, Dr — *Arthritisme et vieux remèdes* — Robert Laffont, 1963.

J.O. de la République française, Lois et Décrets, 31/12/1988 (décret n° 88-1207 du 30/12/1988).

JULIA DE FONTENELLE, Jean-Sébastien — *Manuel du vinaigrier* — Encyclopédies Roret, Paris, 1836.

LEMERY, Nicolas — *Recueil de secrets* — Toulouse, 1692.

LE SOURD, Paul — *Traité pratique des vins, cidres et vinaigres* — Paris, 1890.

LOISEAU, Bernard — *Trucs, tours de main et astuces.*

OHSAWA, Georges — *Le Zen macrobiotique ou l'art du rajeunissement et de la longévité* — J. Vrin, 1976.

PASTEUR, Louis — *Études sur le vin* — Paris, 1875.

PASTEUR, Louis — *Mémoire sur la fermentation acétique* — Annales scientifiques de l'E.N.S., Gauthier-Villars — t. I, 1864.

PLATINE (Le) — *L'Honneste Volupté* — 1505.

PLINE L'ANCIEN — *Histoire naturelle*, Livres XIV et XXIII — Budé, 1958.

RIGAUD, Benoist et SAUGRAIN, Jean — *La Pratique de faire toutes confitures, condiments, distillations d'eaux odoriférantes et plusieurs autres recettes très utiles* — 1558.

SAINT-SIMON — *Mémoires*, t. II — Pléïade — p. 628-629.

Secrets et vertus des plantes médicinales — Sélection du Readers'Digest, 1977.

THIBAUT-COMELADE, Éliane — *La Table médiévale des Catalans* — Presses du Languedoc, 1995.

THIS, Hervé — *Les Secrets de la casserole* — Belin, 1993.

TITE-LIVE — *Histoire romaine* — Livre XXI.

TOKLAS, Alice B. — *Le Livre de cuisine d'Alice Toklas* — Éditions de Minuit.

VARILLE, Mathieu et AUDIN, Marius — *La Nef du parfait vinaigrier* — Deux Collines, Lyon, 1951.

VIGARELLO, Georges — *Le Propre et le Salé* — Seuil, Univers historique, 1985.

TABLE

AVANT-PROPOS

CHAPITRE I

CHAPITRE II

CHAPITRE V

CHAPITRE VI

CHAPITRE VII

Composition réalisée par JOUVE

Imprimé en France sur Presse Offset par

BRODARD & TAUPIN

GROUPE CPI

La Flèche (Sarthe).
N° d'imprimeur : 32377 – Dépôt légal Éditeur : 65691-12/2005
Édition 05
LIBRAIRIE GÉNÉRALE FRANÇAISE – 31, rue de Fleurus – 75278 Paris cedex 06.
ISBN : 2 - 253 - 8193 - 0

1

30/8193/2